CREER

¿QUÉ DEBO SABER?

9Marks | Serie Primeros Pasos

CREER

¿QUÉ DEBO SABER?

MIKE MCKINLEY

SERIE EDITADA POR MEZ MCCONNELL

ESPAÑOL
NASHVILLE, TN

Creer: ¿Qué debo saber?

B&H Publishing Group
Nashville, TN 37234

Diseño de portada: Rubner Durais

Director editorial: Giancarlo Montemayor
Coordinadora de proyectos: Cristina O'Shee

Clasificación Decimal Dewey: 230
Clasifíquese: FE/CRISTIANISMO

ISBN: 978-1-0877-4865-8

Impreso en EE. UU.
1 2 3 4 5 * 24 23 22 21

CONTENIDO

Introducción

La serie *Primeros pasos* para el discipulado ayudará a capacitar a las personas de un entorno no eclesiástico a dar los primeros pasos para seguir a Jesús. Llamamos a esto el «camino al servicio», ya que creemos que todo cristiano debería ser capacitado para servir a Cristo y a su Iglesia sin importar sus antecedentes o experiencia.

Si eres líder en una iglesia, ejerciendo el ministerio en lugares difíciles, utiliza estos libros como una herramienta para ayudar a que aquellos que no están familiarizados con las enseñanzas de Jesús, se conviertan en nuevos discípulos. Estos libros los ayudarán a crecer en carácter, conocimiento y acción.

Si eres nuevo en la fe cristiana, todavía luchando con entender qué es ser un cristiano, o lo que la Biblia realmente enseña, entonces esta es una guía fácil para dar tus primeros pasos como seguidor de Jesús.

Existen muchas maneras de utilizar estos libros.

- Pueden ser usados por una persona que simplemente lee el contenido y trabaja en las preguntas por sí misma.
- Pueden ser usados en un escenario individual, donde dos personas leen el material antes de reunirse y luego discuten juntos las preguntas.
- Pueden ser usados en un escenario de grupo, donde un líder presenta el material como una conversación, deteniéndose para tener una discusión de grupo durante la misma.

Tu escenario determinará la mejor manera de utilizar este recurso.

GUÍA DEL USUARIO

Mientras trabajas a través de los estudios, encontrarás las siguientes leyendas:

LA HISTORIA DE SAMUEL — Al inicio de cada capítulo encontrarás a Samuel, y escucharás algo sobre su historia y lo que ha estado sucediendo en su vida. Queremos que tomes lo que hemos aprendido de la Biblia y descubras qué diferencia haría en la vida de Samuel. Así que cada vez que veas este símbolo, leerás algo más sobre la historia de Samuel.

ILUSTRACIÓN — A través de ejemplos y escenarios de la vida real, estas secciones nos ayudarán a entender los puntos a desarrollarse.

DETENTE — Cuando lleguemos a un punto importante o difícil, te pediremos que hagas una pausa, y pases un tiempo reflexionando o conversando sobre lo que acabamos de aprender.

LEE 3X — La Biblia es la Palabra de Dios para nosotros y, por lo tanto, es la palabra final para nosotros en todo lo que debemos creer y en la manera en que debemos actuar. Por ello, queremos leer la Biblia primero, y queremos leerla cuidadosamente. Así que, cada vez que veas esta leyenda, debes leer o escuchar el pasaje bíblico tres veces. Si la persona con la que estás leyendo la Biblia se siente cómoda, pídele que lo lea al menos una vez.

VERSÍCULO PARA MEMORIZAR — Al final de cada capítulo sugeriremos un versículo de la Biblia para memorizar. Hemos encontrado que la memorización de la Biblia es realmente efectiva en nuestro contexto. El versículo (o versículos) se relacionará directamente con lo que hemos abordado en el capítulo.

RESÚMEN — Asimismo, al final de cada capítulo hemos incluido un breve resumen del contenido de ese capítulo. Si estás estudiando el libro con otra persona, puede ser útil que revises esta sección para recordar lo estudiado la semana anterior.

Conoce a Samuel

Samuel nació en un mundo violento. En las calles de su barrio en San Salvador, solo los más fuertes sobrevivían para convertirse en adultos. Nunca conoció a su padre y la mitad de los niños se unían a una pandilla para encontrar seguridad y un sentido de pertenencia. Cuando llegó a la adolescencia, vendía drogas y se había establecido en el negocio. Durante ese tiempo, asesinó a varias personas e incluso él mismo había sido herido.

Aún así, la vida de pandillero nunca parecía ser lo suyo. Odiaba cómo se sentía después de consumir drogas. Las caras de aquellos que había asesinado lo atormentaban cuando dormía. Samuel sabía que Dios lo condenaría por todo lo que había hecho, pero no sabía qué más hacer.

Cuando su tía lo mandó a Estados Unidos a vivir con su tío, Samuel quiso empezar de nuevo. Poco después de llegar, una de sus profesoras lo invitó al estudio bíblico para jóvenes de su iglesia. De mala gana, dijo que iría, y fue allí que Samuel escuchó las buenas nuevas, que Jesús había muerto para quitarle la culpa y castigo a cualquiera que confiara en él. Era difícil para él olvidar todas las cosas horrendas que había cometido, pero después de un año, decidió ser seguidor de Cristo.

¿CUÁL ES EL PUNTO?

DIOS es santo y te ama más de lo que puedes imaginar.

CAPÍTULO 1

¿Quién es Dios?

SAMUEL

Samuel terminó su jornada en el colegio por hoy y está intentando trabajar en algo normal. Está intentando crecer como cristiano. A la vez, su antigua pandilla de San Salvador empieza a expandirse entre la población salvadoreña de su nueva ciudad. Algunos ya han intentado contactarlo para decirle que no están muy felices de que haya dejado la pandilla. Normalmente la única forma de salir de una pandilla es en un ataúd; nadie las deja. Sus viejos amigos se burlan de él y su intento de ganar dinero limpiamente. Algunos líderes de la pandilla han hecho amenazas y Samuel se empieza a preguntar si todo esto vale la pena. Incluso, ha pensado en quitarse la vida para terminar con todo.

DETENTE

Preguntas: ¿Qué podría mejorar la situación de Samuel? ¿Por qué razón podría ser tentador para él regresar a su antigua vida?

ILUSTRACIÓN

En una ocasión, cuando era adolescente, el acosador del barrio me hizo la vida imposible. El niño era grande y malo, y yo no sabía qué hacer. Pero un día mi hermano tomó vacaciones del ejército. Lo habían entrenado como parte del grupo de fuerzas especiales, y solo con verlo, sabías que no era alguien con quien querías problemas. Cuando ese niño vio a mi hermano, dejó de meterse conmigo. No tenía por qué preocuparme porque la persona más fuerte que conocía estaba de mi lado.

De la misma forma, lo que Samuel debe tener en mente es que, aunque estos pandilleros *parezcan* ser fuertes y poderosos, **Dios es el que está en control de todo.**

EL ÚNICO DIOS

«Porque así dice Jehová, que creó los cielos. Él es Dios, el que formó la tierra, el que la hizo y la compuso. No la creó en vano, sino para que fuera habitada la creó: Yo soy Jehová y no hay otro» (Isa. 45:18).

«Nuestro Dios está en los cielos; Todo lo que quiso ha hecho» (Sal. 115:3).

Observamos algunas cosas muy importantes sobre Dios en estos dos versículos:

- Él es un Dios que **habla** («así dice Jehová»). En otras palabras, podemos conocer a Dios. No tenemos que adivinar cómo es, ni qué quiere de nosotros. En realidad no importa cómo nos *sentimos,* ni cómo *queremos* que Dios sea; lo que importa es lo que él dice sobre sí mismo.
- Él es el **Creador**. Hablaremos más de esto en otro capítulo, pero por ahora debemos entender que Dios es el que hizo los cielos, la tierra y todo lo que en ellos habita. Como Creador, él tiene la autoridad para ordenar cómo debe actuar su creación.

- Él es el único Dios. Dios no es el *mejor* entre contendientes; él es Dios, y no hay otro como él. No tenemos que averiguar a cuál Dios acudir para que nos ayude; solo hay una verdadera opción.
- Él está **en control**. Él hace lo que quiere y nadie lo puede detener. Todos hemos vivido desacuerdos o frustraciones, pero Dios no. Él tiene el poder de realizar su voluntad.

ILUSTRACIÓN

Cuando invitan a la familia a casa de alguien a cenar, siempre le recordamos a nuestros hijos que mientras estén en otra casa, deben seguir las reglas que ellos establezcan: quitarse los zapatos en la puerta, no lanzar pelotas dentro de la casa, no causar problemas. Bueno, este mundo es la «casa» de Dios; ¡le pertenece a él! Como resultado, estamos obligados a vivir de acuerdo a sus reglas.

DETENTE

Pregunta: Para Samuel, los problemas que enfrenta en su vida parecen gigantes. ¿Cómo se sentiría si empezara a entender que Dios está en control de todo?

DIOS ES JUEZ JUSTO

«Porque yo soy Jehová vuestro Dios; vosotros por tanto os santificaréis, y seréis santos, porque yo soy santo; así que no contaminéis vuestras personas con ningún animal que se arrastre sobre la tierra» (Lev. 11:44).

Cuando el Señor habla a su pueblo, les recuerda que él es su Dios. También les dice que se consideren un pueblo apartado y diferente a las naciones vecinas (ese es el significado de la palabra «consagrado»). Otros hacen lo que les parece bien a ellos, pero el pueblo de Dios debe ser santo. ¿Por qué? Porque Dios es santo.

Cuando decimos que Dios es «santo», queremos decir que es puro. Tú y yo tendemos a hacer lo malo, pero Dios no. Él odia el mal, el pecado y la inmoralidad. Como resultado, el pueblo de Dios debe ser como él. Así como debemos parecernos a nuestros padres, debemos también parecernos a nuestro Padre celestial. Él es santo y sus hijos (nosotros) deben serlo también; hay un parecido familiar. El pecado será normal para el mundo a nuestro alrededor, pero debe ser algo ajeno a los que pertenecen a Dios. Para alguien en la posición de Samuel, esto significa que no puede retroceder a su antigua forma de vivir.

Esto incluso explica por qué sus antiguos amigos pandilleros querían complicarle la vida. En 1 Pedro leemos:

«Baste ya el tiempo pasado para haber hecho lo que agrada a los gentiles, andando en lascivias, concupiscencias, embriagueces, orgías, disipación y abominables idolatrías. A éstos les parece cosa extraña que vosotros no corráis con ellos en el mismo desenfreno de disolución, y os ultrajan; pero ellos darán cuenta al que está preparado para juzgar a los vivos y a los muertos» (1 Ped. 4:3-5).

Puedes ver aquí la situación a la cual Pedro se refería: nuevos creyentes luchando con sus antiguos amigos y su antigua forma de vivir. Antes de que fueran seguidores de Jesús, la vida estaba llena de borracheras y orgías. Pero Pedro dice que ese tiempo ya pasó. Ahora que son pueblo de Dios, deben ser santos; no deben participar en eso ni vivir de esa manera.

Como resultado, sus amigos lo molestaban. ¿No es fascinante lo poco que ha cambiado todo desde que Pedro escribió esto hace 2000 años? Existe un sentido de seguridad entre la multitud. Cuando todos están borrachos y fornicando, este comportamiento se vuelve aceptable, incluso normal. Mientras nadie diga nada, la gente hace lo que quiere sin sentirse culpable o tener peso de conciencia. Pero ahora, estos nuevos cristianos se rehusaban a participar de estas cosas que antes hacían, y como resultado sus antiguos «amigos» hablaban mal de ellos (Pedro usa la palabra «ultrajar»).

Date cuenta de lo que Pedro le está diciendo a estos creyentes. Lo que tenían que entender era que todos en este mundo darán cuentas ante este Dios santo por lo forma en que han vivido. Él es el que juzga a los vivos y a los muertos. Esto sí que nos pone las cosas en perspectiva, ¿no crees?

SAMUEL

Quizás parezca que la conversión de Samuel ha creado muchos problemas para él, pero en realidad sus viejos amigos son los que tienen el problema más grande de todos. Se enfrentarán a un Dios santo y todopoderoso como juez.

DETENTE

Preguntas: ¿Cómo debería ayudarle a Samuel *el saber que Dios es un juez santo a resistir la tentación de volver a su antigua y mala forma de vivir? ¿Cómo debería ayudar decirle a sus viejos amigos por qué ya no vive como viven ellos?*

DIOS ES AMOR

«Mas tú, Señor, Dios misericordioso y clemente, Lento para la ira, y grande en misericordia y verdad» (Sal. 86:15).

¿Es Dios un juez poderoso y santo o es un Padre que nos ama? La respuesta, dice la Biblia, es ambos. Las buenas noticias para nosotros es que, el Dios que nos creó y que nos juzgará, también es bueno y bondadoso con su pueblo. Si Dios usara su poder como un acosador, sería difícil ver cómo la Biblia anuncia las buenas nuevas.

En Salmos 86, el salmista nos dice cosas maravillosas sobre el carácter de Dios:

- Él es **misericordioso.** Muestra compasión a los necesitados.
- Él es **clemente**. Perdona y bendice a aquellos que no merecen su cuidado.
- Él es **lento para la ira**. Dios es santo, pero también es paciente. Su ira está dirigida al pecado y la injusticia, pero no es una ira fuera de control.
- El **amor constante abunda** en él. Dios sobreabunda en amor inconmovible hacia su pueblo. El amor de Dios es tan grande que en una de las cartas del apóstol Juan, dice que «Dios es amor» (1 Juan 4:16).
- La **fidelidad abunda** en él. Dios nunca falla en cumplir sus promesas. Su amor por su pueblo es inconmovible e inquebrantable. Otras personas pueden traicionarnos o desaparecer de nuestra vida, pero el Señor siempre es fiel.

Quizás sea difícil de comprender para nuestra mentes modernas, pero los autores de la Biblia no parecían luchar con la idea de que Dios es poderoso, santo y justo. Su ira justa contra el pecado de la humanidad tiene sentido. Sin embargo, lo que les sorprende es el amor de Dios. ¿Por qué amaría alguien tan grande, tan infinito y tan santo a gente insignificante y dañada como nosotros? (*cf.* Sal. 8:3-4; Rom. 3:23-26). Una y otra vez, Dios afirma que su amor por su pueblo no está basado en cualquier cosa extraordinaria, sino en su propio carácter de amor (*cf.* Deut. 7:7-8; Jer. 31:3; Os. 11:1). Dios ama a los imperfectos porque él es amor.

Veremos más sobre el amor de Dios hacia su pueblo en los siguientes capítulos, especialmente por medio del regalo de su Hijo, pero por ahora, tomemos nota de que el Dios de la Biblia es mucho mejor que cualquier versión que podríamos imaginar en nuestra mente. Es una hermosa combinación de todo lo bueno: santo y perdonador, poderoso y tierno, majestuoso y amante.

DETENTE

Preguntas: Cuando piensas en Dios, ¿qué aspectos de su carácter son más difíciles de aceptar o creer? ¿Cuáles son los más fáciles?

VERSÍCULO PARA MEMORIZAR

«¿No has sabido, no has oído que el Dios eterno es Jehová, el cual creó los confines de la tierra? No desfallece, ni se fatiga con cansancio, y su entendimiento no hay quien lo alcance» (Isa. 40:28-29).

RESUMEN

Lo que Samuel necesita es entender quién es Dios. Sus problemas parecen ser grandes, entonces debe entender que hay alguien que es más grande aún. El Señor es el único Dios, eterno y sin límite. Él hace su voluntad. Como él es el que creó todo, él es nuestro santo juez y el único que tiene derecho a determinar cómo debemos vivir. Y estas son las buenas nuevas: este Dios santo ama más de lo que podemos imaginarnos. Entonces podemos estar seguros de que él siempre mostrará bondad hacia su pueblo en tiempo de necesidad.

¿CUÁL ES EL PUNTO?

Jesús,
el Hijo de
Dios, es Dios
y hombre.

CAPÍTULO 2

¿Quién es el Hijo de Dios?

En el capítulo anterior, empezamos a hablar de Dios, mencionando varias características ciertas e importantes sobre él. Pero hasta ahora, todo lo que hemos dicho son cosas que un musulmán, un mormón o un judío también podrían afirmar. Sin embargo, aún no hemos hablado del elemento más importante: la Trinidad (en otras palabras, «tres en uno»). La Biblia nos enseña que el Dios que lo creó todo existe en tres personas: el Padre, el Hijo y el Espíritu Santo.

Ahora, seré honesto contigo. Cuando hablamos de la Trinidad (un nombre que le damos a Dios porque son tres en uno) estamos nadando en el lado profundo de la piscina. Hay cierta cosas sobre Dios que son difíciles de entender como seres humanos, pero no significa que no sean ciertas o importantes. Entonces, al hablar de la Trinidad, nuestra meta es entender lo que podamos entender y confiar en Dios en cuanto a lo que no podemos entender.

La enseñanza bíblica sobre la Trinidad se puede resumir en tres ideas:

- **Solo hay un Dios quien existe como tres personas.** El Padre, el Hijo y el Espíritu Santo no son fuerzas ni poderes ni energías; son personas.

Además, son personas *distintas:* El Padre no es el Hijo, el Hijo no es el Espíritu y el Espíritu no es el Padre. ¿Entendido?

- **Cada una de las tres personas es verdaderamente Dios.** El Padre, el Hijo y el Espíritu son plenamente Dios. Ninguno es superior o inferior al otro. Esto es importante; todos son Dios por igual.
- **Solo hay un Dios.** Los cristianos no adoramos a tres dioses distintos; adoramos a un Dios. Las tres personas de la Trinidad tienen la misma naturaleza y esencia; no hay rivalidades ni envidias entre ellos. Las tres personas son una. Como alguien lo dijo una vez, Dios es tres «quienes» y un «que».

SAMUEL

Samuel vive en una zona multicultural. En la escuela, tenía compañeros de diferentes religiones. Había muchas conversaciones centradas en la idea que todos adoramos al mismo Dios, pero de formas diferentes. ¿Cómo puede Samuel analizar esta idea popular ahora que conoce la doctrina de la Trinidad? Si sus vecinos musulmanes y judíos no reconocen que el único Dios existe en tres personas, ¿están *realmente* adorando al mismo Dios?

ILUSTRACIÓN

Quizás hayas escuchado personas intentando ilustrar la Trinidad usando el ejemplo del huevo (cáscara, yema, clara); agua (hielo, líquido, vapor); o, el trébol (tres pétalos, una planta). Pero, cada una de estas ilustraciones no logran representar la verdad completa. En realidad, no hay ninguna ilustración que represente adecuadamente la Trinidad, porque no hay nada ni nadie como él en todo el universo. Pero porque algo sea difícil de entender, no significa que sea imposible o mentira.

«Y Jesús, después que fue bautizado, subió luego del agua; y he aquí los cielos le fueron abiertos, y vio al Espíritu de Dios que descendía como paloma, y venía sobre él. Y hubo una voz de los cielos, que decía: Este es mi Hijo amado, en quien tengo complacencia» (Mt. 3:16-17).

En el bautismo de Jesús, observamos las tres personas de la Trinidad: Dios el Padre, complacido con su Hijo, mientras el Espíritu descendía sobre él. Luego veremos como cada persona de la Trinidad tiene un papel esencial en nuestra salvación: el Padre envía a su Hijo para morir por nosotros (Juan 3:16), el Hijo da su vida por nosotros sacrificándose en la cruz (Gál. 2:20) y el Espíritu aplica esa salvación sobre el pueblo de Dios (Juan 3:3-7).

En el primer capítulo, hablamos de la naturaleza y el carácter de Dios el Padre (¡aunque no te hayas dado cuenta!). Vimos que él es el creador de todo, siendo un juez todopoderoso y un Padre amoroso. En este capítulo, vamos a estudiar algunas cosas que debemos saber sobre Dios el Hijo.

JESÚS ES PLENAMENTE HUMANO

Si lees la historia del nacimiento de Jesús, es claro que todos los que estaban presentes llegaron a la misma conclusión, no era un embarazo normal, ni un bebé normal. Jesús fue concebido en el vientre de su madre María, una virgen, por medio del poder del Espíritu Santo (Luc. 1:26-38). No se menciona cómo aconteció; solo que sucedió. Dadas las circunstancias de su concepción, Jesús nació como humano pero a la vez sin pecado (Hec. 4:15, 1 Juan 3:5).

Aunque Jesús no tuvo una concepción normal, la Biblia nos deja en claro que él era completamente humano, con naturaleza humana.

El creció en el vientre de su madre y nació como un bebé.

Creció en tamaño como otros niños; no era un niño diferente con poderes mágicos.

Se cansaba igual que cualquier hombre; no podía patear una pelota más lejos que tú o yo.

Le daba sed y hambre; tenía amigos e iba a cenas.

Se entristecía, se enojaba y volvía a ser feliz.

No hay nada que nos indique que si lo hubieras visto caminando por la calle hubieras notado algo extraordinario en él.

«En esto conoced el Espíritu de Dios: Todo espíritu que confiesa que Jesucristo ha venido en carne, es de Dios; y todo espíritu que no confiesa que Jesucristo ha venido en carne, no es de Dios; y este es el espíritu del anticristo, el cual vosotros habéis oído que viene, y que ahora ya está en el mundo» (1 Juan 4:2-3).

En los primeros días de la Iglesia cristiana, algunos empezaron a enseñar que el Hijo de Dios no había venido como hombre, sino que solo *parecía* serlo, pero en realidad era algún tipo de ser espiritual. Enseñaban eso porque creían que todo lo que era físico era inferior a lo espiritual. Razonaban que Dios nunca podría convertirse en un ser humano de verdad.

Pero el apóstol Juan quiso dejarlo claro: ese tipo de enseñanza no viene de Dios. La verdad es que Jesús vino en la carne; él era completamente, realmente y verdaderamente humano.

JESÚS ES PLENAMENTE DIOS

SAMUEL

Muchas personas en la vida de Samuel creen algo sobre Jesús. Su tío va a la iglesia los fines de semana y tiene una imagen de Jesús en su carro para la buena suerte. Algunos de los chicos en la pandilla llevan crucifijos para su protección. Las ancianas en el barrio oran a Jesús para ser sanadas o para pedir bendición. Entonces, a menudo se pregunta: «¿Es Jesús más que un hombre que sana, enseña y reparte bendiciones?».

La Biblia nos muestra que Jesús era mucho más que eso. Él es Dios el Hijo, quien se hizo hombre. Es completamente humano, y a la vez, plenamente Dios. Los autores de la Biblia muestran esto claramente al señalar las características de Jesús y los atributos que la Biblia nos muestra en referencia a Dios en el Antiguo Testamento:

- Él es todo poderoso. Cuando calmó la tempestad, los discípulos de Jesús se preguntaron: «¿Quién es éste, que aun a los vientos y a las aguas manda, y le obedecen?» (Lc. 8:25). La respuesta es: ¡Él es Dios mismo! Solo Dios puede controlar las fuerzas de la naturaleza (Sal. 135:6-7).
- Él es eterno. Una vez, Jesús les dijo a sus enemigos: «Antes que Abraham fuese, yo soy» (Jn. 8:58). Aunque suene extraño, sus seguidores sabían lo que quería decir. Abraham había muerto 2000 años antes, pero Jesús decía que él estaba antes de los días de Abraham.
- Él es omnisciente. Jesús conocía los pensamientos de la gente (Mr. 2:8) y sus corazones (Jn. 6:64). La gente que pasaba tiempo con Jesús lo manifestaba de esta manera: «Ahora entendemos que sabes

todas las cosas...» (Jn. 16:30). Esto es una característica que solo tiene Dios (Sal. 139:1-4).

- Él tiene toda la autoridad. En el Antiguo Testamento, los profetas de Dios compartían las palabras exactas de Dios, declarando: «Así dice Jehová». Pero Jesús no hablaba así; en lugar de eso, él declaraba: «De cierto te digo» (Mat. 5:26). No apeló a una autoridad superior porque no existe una autoridad superior a la suya. Jesús habló como Dios mismo.
- Él es digno de alabanza. Si leemos la Biblia, verás que condena que la gente adore algo que no sea Dios. Pero la Biblia es clara: ¡adorar a Jesús es bueno! (*cf.* Mat. 28:9, He. 1:6, Apo. 19:10). La única conclusión que tiene sentido es que esto es aceptable ya que Jesús es Dios mismo.

El Nuevo Testamento es claro al hablar de Jesús como Dios. Aquí hay algunos ejemplos:

- «De quienes son los patriarcas, y de los cuales, según la carne, vino Cristo, el cual es Dios sobre todas las cosas, bendito por los siglos. Amén» (Rom. 9:5).
- «Aguardando la esperanza bienaventurada y la manifestación gloriosa de nuestro gran Dios y Salvador Jesucristo» (Tito 2:13).
- «Mas del Hijo dice: Tu trono, oh Dios, por el siglo del siglo; Cetro de equidad es el cetro de tu reino» (Hec. 1:8).

¿Y POR QUÉ AMBOS, HOMBRE Y DIOS?

Las enseñanzas de la Biblia nos muestran que Jesús es completamente Dios y completamente humano. No es mitad hombre y mitad Dios, sino 100 % Dios y 100 % hombre. Esas dos naturalezas son distintas una de la otra; no se mezclan para formar un tipo de ser extraordinario.

Pero esas dos naturalezas están unidas; Jesús no tiene una doble personalidad en la que su divinidad hace una cosa y su humanidad hace otra.

Es muy importante que creamos esto, ya que si no fuera así, Jesús no podría haber salvado a los pecadores. *Jesús tenía que ser completamente humano para poder salvar a los seres humanos.* Como veremos en otro capítulo, Jesús nos salva obedeciendo a Dios, tomando nuestro lugar y también tomando el castigo sobre él, el cual merecemos por nuestros pecados. Jesús se llevó el castigo y nos regala su obediencia. Él podría llevar esto a cabo solo siendo uno de nosotros. Tiene que ser completamente humano para poder tomar la culpa de la humanidad y darnos su justicia.

Jesús tenía que ser completamente Dios para poder reconciliarnos con Dios. Si Jesús no fuera Dios, no hubiera podido tomar sobre él mismo el juicio. Solo una persona infinita podría sobrellevar la infinita culpa y pecado, y aún así sobrevivir. Necesitamos a Jesús, el Hijo de Dios hecho carne, siendo un puente entre el eterno Dios y la humanidad pecaminosa. Jesús es ese puente; la palabra bíblica es «mediador». Si Jesús no fuera Dios, no podría traernos a Dios. Si Jesús no fuera divino no podría salvarnos. No es de extrañar que la Biblia nos recuerde con tanta frecuencia que no podemos salvarnos a nosotros mismo; ¡la salvación viene solamente de Dios!

SAMUEL

Debido a que Jesús es completamente Dios y completamente hombre, él es precisamente el salvador que Samuel necesita. Samuel sabía muy bien que había hecho cosas terribles; él sabía que ningún hombre común podría resolver su problema de pecado. Pero también anhelaba ser conocido por alguien que pudiera entender cómo había sido su vida. Como alguien que es verdaderamente hombre, Jesús puede simpatizar con los problemas de Samuel y representarlo ante Dios Padre. Como alguien que es verdaderamente Dios, Jesús puede quitarle todo su pecado.

VERSÍCULO PARA MEMORIZAR

«Porque hay un solo Dios, y un solo mediador entre Dios y los hombres, Jesucristo hombre, el cual se dio a sí mismo en rescate por todos, de lo cual se dio testimonio a su debido tiempo» (1 Ti. 2:5-6).

RESUMEN

La gente tiene todo tipo de ideas sobre Jesús. Pero las enseñanzas de la Biblia son claras (aunque a veces sean difíciles de entender):

- Jesús tiene dos naturalezas, una divina y una humana.
- Cada una de esas naturalezas están completas. Él es 100 % Dios y 100 % humano.
- Esas dos naturalezas son distintas. Él no es un híbrido entre Dios y hombre. Él es plenamente Dios y plenamente hombre.
- Aunque tenga dos naturalezas, Jesús es una persona. Todo lo que tiene de naturaleza humana es real en Jesús, y todo lo que tiene de naturaleza divina es real en Jesús.

¿CUÁL ES EL PUNTO?

El Espíritu Santo obra poderosamente para la edificación de la Iglesia.

CAPÍTULO 3

¿Quién es Dios, el Espíritu Santo?

SAMUEL

Existen servicios de transporte de la iglesia que hacen recorridos por el barrio de Samuel, llevando personas a los cultos y de regreso a casa. Cada iglesia tiene un nombre que hace referencia al Espíritu Santo, pentecostés, o a los dos; muchas son iglesias de habla hispana. Cuando Samuel visitó la iglesia de su tío, la gente bailaba, gritaba y se tiraban al suelo, diciendo que el Espíritu había entrado en ellos. Samuel nunca había tenido una experiencia semejante, ni quiere tenerla. ¿Quién es el Espíritu Santo? ¿y por qué es importante?

¿QUIÉN ES EL ESPÍRITU?

Digamoslo de esta forma: el Espíritu Santo es la tercera persona de la Trinidad. Hay dos verdades importantes en lo que acabamos de decir:

- **Primero,** ***el Espíritu es una persona.*** Cuando escuchamos la palabra «espíritu», pensamos que nos referimos a un fantasma o a una fuerza invisible. Pero el Espíritu es una *persona;* él es un «él», no un «aquello». Vemos en la Biblia que el Espíritu Santo hace cosas que consideraríamos característico de una persona: saber (1 Cor. 2:11), enseñar (Jn. 14:26), ser contristado (Ef. 4:30), consolar (Hec. 9:31), y orar por otros (Ro. 8:26-27).

- **Segundo, es el Espíritu de Dios.** Esto se ve en la forma que los autores del Nuevo Testamento hablan del «Padre, Hijo y Espíritu Santo» en conjunto (*cf.* Mt. 28:19). Como el Padre y el Hijo son Dios, sería muy raro que el Espíritu no fuera Dios ¡pero fuera incluido en esta frase! En Hechos 5:3, Pedro acusa a un hombre de mentir al Espíritu Santo. Luego, en el próximo versículo, le dice al hombre que le había mentido a Dios (Hec. 5:4). ¡Mentirle al Espíritu era mentirle a Dios mismo!

Las relaciones humanas suelen ser marcadas por angustia y dificultad. Hasta las mejores familias y los matrimonios más enamorados han tenido momentos de dificultad y conflicto. Pero la relación entre el Padre, el Hijo y el Espíritu Santo no es así. El Espíritu está tan conectado con los otros miembros de la Trinidad que se le llama «el Espíritu de Dios» (Rom. 8:9, refiriéndose a Dios el Padre) o «el Espíritu de Jesús» (Hec. 16:7). Como vimos en el último capítulo, el Espíritu fue el causante de la concepción de Jesús en el vientre de su madre, y durante todo el ministerio de Jesús, el Espíritu estaba presente para guiarlo (Luc. 4:1), darle poder (Luc. 4:14) e incluso resucitarlo de los muertos (Rom. 1:4). Debido a esta unidad esencial entre las tres personas de la Trinidad, ellos se aman y se deleitan uno en el otro y trabajan juntos para llevar a cabo su propósito.

Toma un tiempo para leer estas dos citas que Jesús dijo a sus discípulos un poco antes de su muerte:

«Mas el Consolador, el Espíritu Santo, a quien el Padre enviará en mi nombre, él os enseñará todas las cosas, y os recordará todo lo que yo os he dicho» (Jn. 14:26).

«Pero cuando venga el Espíritu de verdad, él os guiará a toda la verdad; porque no hablará por su propia cuenta, sino que hablará todo lo que oyere, y os hará saber las cosas que habrán de venir. El me glorificará; porque tomará de lo mío, y os lo hará saber. Todo lo que tiene el Padre es mío; por eso dije que tomará de lo mío, y os lo hará saber» (Jn. 16:13-15).

¿QUÉ HACE EL ESPÍRITU?

En ocasiones escuchamos el uso de la frase «el miembro tímido de la Trinidad» en referencia al Espíritu Santo, porque en vez de señalarse a él mismo, su trabajo es dar honor y revelar al Padre y al Hijo. El Padre (Lc. 11:13) y el Hijo (Jn. 16:7) mandan al Espíritu al pueblo de Dios para llevar a cabo su propósito y declarar la verdad.

¿Pero cuáles son estos propósitos? ¿Qué *hace* el Espíritu?

ILUSTRACIÓN

Ya que el Espíritu muestra la gloria del Padre y del Hijo, podríamos pensar que de alguna forma el Espíritu es menos importante o menos poderoso que las otras personas de la Trinidad. Pero piensa en las personas más fuertes y que más amor muestran en tu vida, seguramente no van intentando llamar la atención o siendo prepotentes. Incluso, aquellos que anhelan gloria, suelen ser débiles e inseguros; probablemente puedes pensar en alguien así sin mucho esfuerzo. Al contrario, la grandeza verdadera se ve en los que celebran y muestran amor a otros. La entrega del Espíritu al darle gloria al Padre y al Hijo no es una muestra de debilidad; ¡es una muestra de su grandeza!

Es imposible dar una lista completa de todo lo que hace el Espíritu, pero hay cuatro cosas que ayudan al cristiano que busca ser fiel:

1. EL ESPÍRITU INSPIRÓ LA BIBLIA

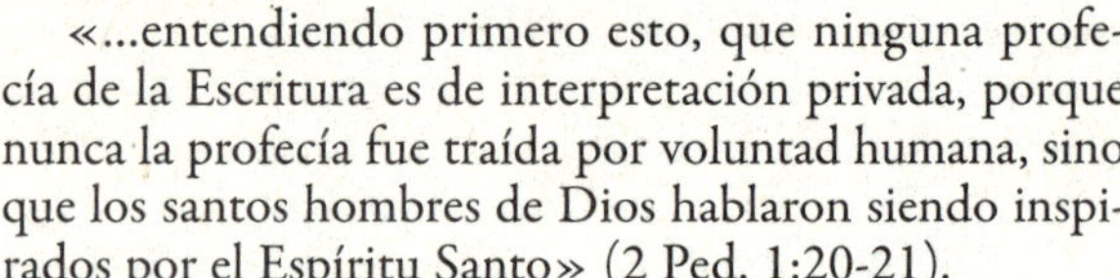

«...entendiendo primero esto, que ninguna profecía de la Escritura es de interpretación privada, porque nunca la profecía fue traída por voluntad humana, sino que los santos hombres de Dios hablaron siendo inspirados por el Espíritu Santo» (2 Ped. 1:20-21).

Lo que define a la Biblia no son solo las palabras, los consejos, los recuerdos y las opiniones de seres humanos, sino que las personas que escribieron la Biblia fueron enseñadas (1 Cor. 2:12-13), inspiradas (2 Ti. 3:16) y guiadas (Jn. 16:12-13) por el Espíritu Santo. Por esta razón cuando leemos la Biblia, debemos aceptarla como la Palabra de Dios. Esto significa que no podemos elegir las partes que nos gustan o disgustan, porque estas son las palabras que el Espíritu Santo nos ha compartido.

2. EL ESPÍRITU NOS HACE CRISTIANOS

Por naturaleza, cada uno de nosotros está muerto espiritualmente y es un enemigo de Dios (Ef. 2:1-3). Por esa razón, Jesús nos dice que debemos nacer de nuevo espiritualmente (Jn. 3:3). Pero este es el problema: no podemos obtener esta vida espiritual nosotros mismos. No podemos *nacer* de nuevo por nosotros mismos. Un cuerpo muerto tampoco puede levantarse y caminar por sí mismo. La solución a este problema viene por medio de la obra del Espíritu Santo. Con su poder, los que están muertos espiritualmente pueden nacer de nuevo espiritualmente. Por medio del Espíritu, los muertos espiritualmente abandonan su amor hacia el pecado y ponen su fe en Jesús.

«El espíritu es el que da vida; la carne para nada aprovecha; las palabras que yo os he hablado son espíritu y son vida» (Jn. 6:63).

Jesús nos está diciendo que la naturaleza, la fuerza y la sabiduría humana no pueden ayudarnos a tener una vida espiritual. Este es el trabajo del Espíritu Santo. Nadie puede ser un verdadero seguidor de Cristo a menos que el Espíritu Santo obre poderosamente en la vida espiritual de esa persona.

SAMUEL

La vida de Samuel es un ejemplo de esta verdad. Él sabe que nunca podría realizar un cambio en sí mismo. Vino de un mundo sin esperanza y lleno de violencia. No sabía que era *posible* vivir de otra forma. Solo la obra poderosa del Espíritu Santo podría hacerle repudiar su pecado y amar las cosas de Dios. ¿Puedes imaginarte hacia dónde iba tu vida si Dios el Espíritu no hubiera obrado en ti?

3. EL ESPÍRITU MORA EN EL CRISTIANO Y NOS SANTIFÍCA

La obra del Espíritu Santo no termina cuando nos hace nacer de nuevo espiritualmente. No desciende, nos da vida, y se va, dejándonos solos. El Espíritu vive en el cristiano desde el momento en que es salvo. Su presencia en nuestras vidas nos apartan como posesiones especiales de Dios (Rom. 8:9) y nos da la seguridad de que somos los hijos de Dios (Rom. 8:16).

«Mas el fruto del Espíritu es amor, gozo, paz, paciencia, benignidad, bondad, fe, mansedumbre, templanza; contra tales cosas no hay ley» (Gá. 5:22-23).

Cuando el Espíritu mora en nosotros, empieza a traer buenos frutos a nuestras vidas. Su presencia y su poder nos ayuda a crecer, desarrollando características que agradan a Dios (como amor, gozo, paz, entre otras cosas).

Pero es importante darnos cuenta que hay una diferencia entre la obra del Espíritu Santo cuando nos aviva espiritualmente y cuando el Espíritu Santo nos ayuda a crecer en santidad. Cuando el Espíritu causa ese nuevo nacimiento en nosotros, no hacemos nada más que *recibir* esa bendición. Pero nuestro crecimiento en santidad es diferente; el Espíritu hace una obra poderosa pero debemos de trabajar con él. Podemos *elegir* perseguir nuestros deseos de la carne (Gál. 5:19-21 nos da una lista de algunas de estas cosas) o podemos *elegir* caminar en el poder del Espíritu. Si crecemos en santidad, debemos trabajar con la obra del Espíritu, y ordenar nuestras acciones y actitudes de acuerdo con el camino en que nos está guiando.

4. EL ESPÍRITU OBRA EN LA IGLESIA.

El Espíritu Santo da dones espirituales a cada creyente. Estas son habilidades especiales o fortalezas que no son requisitos para el creyente, pero son dadas para la edificación de la Iglesia. No todos tienen el mismo don y no todos los dones son vistos como extraordinarios, pero cada cristiano tiene *algún* don del Espíritu. Debemos usar estos dones para ayudar a nuestros hermanos y hermanas de la Iglesia (1 Cor. 14:1), pero el Espíritu es el que elige cómo repartir estos dones de Dios entre su pueblo (1 Cor. 12:11).

Estos dones crearon confusión y conflicto entre los primeros cristianos. Algunos dones se consideraban más importantes que otros, y algunos miraban con desdén a otros cuyos dones se consideraban menores. Como respuesta, el apóstol Pablo advierte a los cristianos a no despreciarse unos a otros, sino usar sus dones para servir unos a otros y fortalecer la Iglesia.

«Pero a cada uno le es dada la manifestación del Espíritu para provecho. Porque a éste es dada por el Espíritu palabra de sabiduría; a otro, palabra de ciencia según el mismo Espíritu; a otro, fe por el mismo Espíritu; y a otro, dones de sanidades por el mismo Espíritu. A otro, el hacer milagros; a otro, profecía; a otro, discernimiento de espíritus; a otro, diversos géneros de lenguas; y a otro, interpretación de lenguas. Pero todas estas cosas las hace uno y el mismo Espíritu, repartiendo a cada uno en particular como él quiere» (1 Cor. 12:7-11).

ILUSTRACIÓN

El apóstol Pablo usa la imagen del cuerpo para explicar el papel de los dones dados por el Espíritu a la Iglesia (1 Cor. 12:14-27). Algunas partes del cuerpo pueden ser vistas como más importantes o espléndidas, pero el cuerpo en su totalidad necesita de sus miembros individuales, los ojos, los pies, las manos. No hay una parte del cuerpo superior al resto porque todos son miembros de una entidad.

La Iglesia funciona de la misma manera. Cada iglesia local es un ser compuesto de individuos que tienen su papel en ella. ¿Qué don crees que el Espíritu te ha dado para edificar y servir a la Iglesia?

SAMUEL

La impresión que tiene Samuel del Espíritu Santo está marcada por la experiencia de ver a gente gritando y volcándose en el suelo. Hay un debate entre círculos cristianos sobre el tema de los dones, debatiendo si esos dones más espectaculares eran destinados a la iglesia primitiva o si siguen en vigor, pero lo que está claro es que el Espíritu *no trae* desorden, sino paz (1 Cor. 14:33). Sus dones nunca deben ser usados para emocionar o impresionar a la gente, sino para ayudar edificar la Iglesia en amor y piedad. Algunos en la Iglesia intentarán hacer que Samuel se sienta como un cristiano «de segunda» porque no ha sentido la presencia del Espíritu de una forma dramática. Pero lo que Samuel verdaderamente debería anhelar, y lo que le debería pedir al Señor, es que el Espíritu obre en él para ser más como Cristo.

VERSÍCULO PARA MEMORIZAR

«Mas el fruto del Espíritu es amor, gozo, paz, paciencia, benignidad, bondad, fe, mansedumbre, templanza; contra tales cosas no hay ley» (Gál. 5:22-23).

RESUMEN

El Espíritu Santo es la tercera persona de la Trinidad, divino por naturaleza. Él muestra la gloria del Padre y del Hijo, y al pueblo de Dios le da todo lo que necesitan para ser salvo y caminar en santidad. Como cristianos, debemos valorar la presencia del Espíritu en nuestras vidas y esforzarnos para caminar en santidad. El cristiano también debe usar sus dones, dados por el Espíritu, para servir a otros en la Iglesia.

¿CUÁL ES EL PUNTO?

Jesús tiene la palabra final, no el mal ni los demonios.

CAPÍTULO 4

El mundo espiritual: ángeles y demonios

RESUMEN

Hasta ahora, hemos visto algunas características de la Trinidad y que un único Dios existe eternamente en tres personas: el Padre, el Hijo, y el Espíritu Santo. Hemos visto cómo Dios el Hijo, quien ha existido desde la eternidad, vino al mundo hecho carne para salvarnos. También hemos visto cómo Dios el Espíritu, una persona completamente divina por naturaleza, obra en nosotros para salvarnos y para glorificar al Padre y al Hijo.

Ahora continuemos con el tema de los ángeles y los demonios.

SAMUEL

Cuando Samuel era un adolescente, se encontró en terreno de una pandilla enemiga. Dando la vuelta en la esquina, vio un grupo de jóvenes que se dirigían hacia él y estaba seguro que estaba a punto de tener grandes problemas. Pero de pronto, los pandilleros se dieron la vuelta y Samuel pudo volver a casa sin peligro. Cuando se lo contó a su madre, ella le aseguró que su «ángel de la guarda» lo había cuidado.

¿Es esto el tipo de cosas que hacen los ángeles?

Quizás la manera más fácil de estudiar este tema es preguntando y contestando algunas preguntas básicas.

¿QUÉ SON LOS ÁNGELES?

Los ángeles son *seres espirituales creados por Dios.* Son «seres espirituales» (He. 1:14), lo que significa que no tienen cuerpos físicos. Esta es la razón por la cual los seres humanos no podemos verlos, aunque Dios a veces elige revelar su presencia (*cf.* 2 R. 6:11-19; lee una interesante historia de alguien vio los ángeles del Señor que lo rodeaban).

Habiendo dicho esto, los ángeles no son seres eternos. Fueron creados por Dios en el pasado para servir su propósito. La Biblia parece indicarnos que hay diferentes tipos de ángeles y seres celestiales. A algunos se les llama «serafines» o «querubines» y varían en rango (el ángel Miguel lleva el título «arcángel»). Pero no se nos dan detalles sobre lo que hace que un ángel sea diferente al otro.

¿QUÉ HACEN LOS ÁNGELES?

Los ángeles son poderosos siervos de Dios. En la Biblia, los ángeles

- llevan mensajes a gente (Lc. 1:6-38),
- traen el juicio de Dios en ciertas situaciones (2 S. 24:16-17; Hec. 12:23),
- son guerreros del ejército celestial (Ap. 12:7-8),
- dan alabanza a Dios (Job 38:7; Sal. 103:20),
- se regocijan en cómo Dios ha salvado a la humanidad (Lc. 15:10; Ap. 5:1-12).

«Pues a sus ángeles mandará acerca de ti, Que te guarden en todos tus caminos. En las manos te llevarán, Para que tu pie no tropiece en piedra» (Sal. 91:11-12).

En este Salmo, vemos que una de las maneras en que Dios cuida de su pueblo es enviándoles ángeles invisibles (para nosotros) para cuidar de ellos. La madre de Samuel quizás tuvo razón al pensar que fue un ángel quien lo ayudó a salir de una situación peligrosa. Quizás hayas vivido experiencias en que sientes haber sido ayudado por un ayudante invisible. Todo es posible, pero hay poca información en la Biblia que nos indique que *todos* tenemos un ángel asignado para ser nuestro «guardián». En vez de confiar en «ángeles de la guardia», debemos confiar en Dios para cuidarnos y mandar sus siervos para ayudarnos cuando tengamos la necesidad.

¿CÓMO DEBEMOS RELACIONARNOS CON LOS ÁNGELES?

La Biblia nos dice que algunas veces podemos encontrar ángeles disfrazados en nuestro día a día: «No os olvidéis de la hospitalidad, porque por ella algunos, sin saberlo, hospedaron ángeles» (He. 13:2; Gén. 18:1-15). Aunque esto debe hacernos más entusiastas a la hora de recibir visitantes, la Biblia no nos anima a dedicar nuestro tiempo a buscar ángeles.

Es cierto que los ángeles son reales y están entre nosotros, pero en la Biblia, cuando aparecen ante los seres humanos, es porque Dios les envió, no porque los humanos estuvieran buscándolos.

Oramos a Dios el Padre, nunca a los ángeles.

Adoramos a Dios, nunca a los ángeles (Col. 2:18; Ap. 19:10).

Debemos estar agradecidos con Dios por que envía a sus ángeles para cuidarnos, pero no debemos obsesionarnos con ellos al punto en que descuidemos nuestro deber de amar y obedecer a Dios.

¿QUÉ SON LOS DEMONIOS? ¿QUIÉN ES SATANÁS?

Jesús a menudo encontraba demonios durante su ministerio (Luc. 8:26-37), pero los escritores de los Evangelios no nos explican lo que son. Parece que asumen que ya lo sabemos. Lo bueno es que tenemos información en pasajes del Nuevo Testamento que nos explica un poco más lo que no sabemos. En 2 Pedro, el apóstol Pedro escribe sobre los ángeles que han pecado: «Porque si Dios no perdonó a los ángeles que pecaron, sino que arrojándolos al infierno los entregó a prisiones de oscuridad, para ser reservados al juicio» (2 Ped. 2:4).

Y en el libro de Judas, leemos los siguiente: «Y a los ángeles que no guardaron su dignidad, sino que abandonaron su propia morada, los ha guardado bajo oscuridad, en prisiones eternas, para el juicio del gran día» (Jud. 1:6)

De acuerdo con estos versículos, podemos decir que los demonios son ángeles que en el pasado moraban en el cielo («su propia morada»), pero que pecaron contra Dios al no «guardar su dignidad». No explica lo que significa esto, pero parece ser que los demonios se rebelaron contra el lugar que Dios les había dado. Como resultado, este grupo de ángeles fueron arrojados al infierno, donde esperan su juicio final.

Satanás es meramente un ángel caído, el líder de los demonios. Su nombre quiere decir «adversario» y está dedicado a enfrentar a Dios y su pueblo en cada paso.

Satanás y sus demonios son seres poderosos, pero tienen límites. A veces, en grupo, atormentan a gente

(Luc. 8:2), que no sería necesario si cada demonio fuera todopoderoso. Incluso, parece que algunos demonios son más malvados y destructivos que otros (Mat. 12:45). Los demonios no pueden estar en todos lados a la vez, sino que son criaturas que tienen que ir y venir (Stg. 4:7; Lc. 4:13). Los demonios no lo saben todo, porque solo Dios puede saber todo lo que pasará en el futuro (Isa. 46:9-10) y solo Dios puede ver nuestros corazones y nuestras mentes (Apo. 2:23).

¿QUÉ HACEN LOS DEMONIOS?

La Biblia nos muestra que Satanás y otros demonios se encuentran en este mundo. En específico, buscan crear e incitar:

- *El dolor y el sufrimiento físico*. Los demonios a menudo causan discapacidad y agonía en los seres humanos. Parecen deleitarse en esto (Mat. 12:22).
- *Confusión y trastorno mental*. Cuando los demonios trabajan, la gente pierde la habilidad de comportarse racionalmente y de forma controlada (Mar. 5:1-13).
- *Falsa alabanza*. Los ídolos y falsos dioses que la gente de Canaán adoraba eran demonios (Deut. 32:17). Cuando la gente los adoraba, en realidad adoraban a Satanás y sus demonios.
- *Pecado entre el pueblo de Dios*. Podemos ver cómo Satanás tienta al pueblo de Dios para que lo desobedezcan (1 Cor. 21:1; Luc. 22:31). El diablo trama contra ellos (Ef. 6:11) para hacerles caer espiritualmente.

Para poder llevar a cabo estos objetivos, vemos a los demonios utilizar estas estrategias:

- *Atacar*. La Biblia nos muestra cómo las personas son afectadas por el poder y la influencia de los demonios (podríamos decir que «tienen un demonio» o están «poseídos»). Efesios 6:16 incluso habla de «los dardos de fuego del maligno», que parece indicar que los creyentes serán atacados espiritualmente con frecuencia por fuerzas demoniacas.

- *Decepción*. El Señor Jesús dice lo siguiente sobre el diablo: «Vosotros sois de vuestro padre el diablo, y los deseos de vuestro padre queréis hacer. El ha sido homicida desde el principio, y no ha permanecido en la verdad, porque no hay verdad en él. Cuando habla mentira, de suyo habla; porque es mentiroso, y padre de mentira» (Jn. 8:44). Las fuerzas demoniacas tientan a la gente a no creer en Dios y privan a los incrédulos de ver la belleza y la verdad de la salvación de Dios en Cristo (2 Cor. 4:4). Si Satanás fuera honesto sobre sus intenciones, pocos lo seguirían. Al contrario, el finge ser ángel de luz para engañar a muchos (2 Cor. 11:13-15).
- *Tentación*. Satanás atrae personas al pecado animándoles a actuar en base a sus pensamientos necios (Gn. 3:4-6), deseos excesivos (1 Cor. 7:5) y tendencias pecaminosas (Hec. 5:3).

SAMUEL

Últimamente, Samuel ha estado luchando con la depresión; incluso ha considerado acabar con su propia vida. Su tía le dice que quizás este bajo presión demoniaca, lo que explicaría por qué se encuentra tan triste e infeliz. ¿Son los problemas de Samuel su culpa o pueden ser asociados con actividad demoniaca? ¿Cómo podemos saberlo? En cualquier caso, ¿qué debería hacer?

¿SON LOS DEMONIOS RESPONSABLES DE MIS ACCIONES?

La Biblia habla mucho sobre la actividad demoniaca y su relación con nuestro pecado. Lo que sí vemos es que la raíz de nuestros malols hechos proviene de nuestro propio corazón (Mat. 15:19) – de dónde sale lo que decimos (Stg. 3:5-6) y lo que hacemos (Gál. 5:19-21).

Basicamente, se nos hace fácil hacer el mal nosotros mismos; no necesitamos mucha influencia demoniaca para pecar.

Pero aun así, *debemos* tener cuidado en no poner mucha atención en cómo los demonios están involucrados en nuestras vidas. Hay grave peligro en estar completamente inconscientes de las fuerzas invisibles que buscan hacernos daño espiritual. Debemos resistir al diablo (Stg. 4:7) y orar vigorosamente contra su influencia en nuestra vidas y en el mundo que nos rodea (Mt. 6:13). El apóstol Pedro advierte a los cristianos: «Sed sobrios, y velad; porque vuestro adversario el diablo, como león rugiente, anda alrededor buscando a quien devorar» (1 P. 5:8).

Por otra parte, no deberíamos estar a la espera de encontrarnos un demonio detrás de cada problema y cada momento de sufrimiento. La Biblia no enseña que cada experiencia de enfermedad, adicción y fallo es el resultado directo de actividad demoniaca. A veces, *nosotros mismos* somos el problema. Hacemos cosas que sabemos que están mal, cedemos a nuestros deseos carnales y tomamos decisiones necias.

Por eso, la Palabra de Dios no les dice a aquellos que están atrapados en el pecado que echen a los demonios que les causan esos problemas, sino que hagan cosas más «sencillas» como huir de pasiones juveniles (2 Ti. 2:22), resistir al diablo (1 P. 5:9) y confesar sus ofensas unos a otros (Stg. 5:16).

«Y a vosotros, estando muertos en pecados y en la incircuncisión de vuestra carne, os dio vida juntamente con él, perdonándoos todos los pecados, anulando el acta de los decretos que había contra nosotros, que nos era contraria, quitándola de en medio y clavándola en la cruz, y despojando a los principados y a las potestades, los exhibió públicamente, triunfando sobre ellos en la cruz» (Col. 2:13-15).

Al final, lo más importante que debemos saber sobre Satanás y sus demonios es que ¡Jesús los ha vencido por medio de su vida, muerte y resurrección! Ahora, cuando Pablo habla de «principados, potestades y gobernadores» en este pasaje, hace referencia al diablo y sus demonios (Ef. 6:12). Cuando Jesús murió en la cruz, él ganó una victoria decisiva sobre las fuerzas que se oponen a Dios y a su pueblo. Esas fuerzas ahora están desarmadas porque Jesús les ha quitado todo lo que podían usar contra nosotros.

Cuando Satanás acusa al pueblo de Dios de sus pecados, se encuentra con que nuestro pecado y culpa ya ha sido pagada; han sido clavadas en la cruz de Cristo.

«Por lo cual estoy seguro de que ni la muerte, ni la vida, ni ángeles, ni principados, ni potestades, ni lo presente, ni lo por venir, ni lo alto, ni lo profundo, ni ninguna otra cosa creada nos podrá separar del amor de Dios, que es en Cristo Jesús Señor nuestro» (Rom. 8:38-39).

VERSÍCULO PARA MEMORIZAR

«Hijitos, vosotros sois de Dios, y los habéis vencido; porque mayor es el que está en vosotros, que el que está en el mundo» (1 Jn. 4:4).

RESUMEN

Los ángeles y los demonios son seres espirituales reales, y están activos en el mundo que nos rodea. Debemos agradecer a Dios por las formas en que él usa a sus ángeles para cuidar de nosotros y guardarnos de las formas en que las fuerzas demoniacas buscan hacernos daño espiritual. No obstante, las Escrituras no nos animan a que nos enfoquemos o estemos especulando sin fin sobre estos temas. En vez de eso, debemos enfocar nuestras energías en servir a Dios y vivir a la luz de lo que Jesús ha hecho por nosotros por medio de su muerte y resurrección.

¿CUÁL ES EL PUNTO?

La Biblia nos ayuda a entender las cosas que se han hecho para que este mundo vaya mal.

CAPÍTULO 5

La creación y la caída

RESUMEN

Hasta ahora, nos hemos enfocado en las cosas mayormente invisibles para nosotros: la Trinidad, los ángeles y los demonios. No podemos tocar, probar o ver estas cosas, pero son muy reales, y tienen un gran impacto en el mundo.

SAMUEL

Si vemos la historia de la vida de Samuel, es difícil comprender cómo puede ser una persona amable, atenta y generosa, pero a la vez capaz de haber hecho cosas horribles. Por mucho tiempo, Samuel se ha preguntado por sus amigos de la pandilla. En la mayoría de las circunstancias, eran leales y mostraban amor, pero también hacían cosas horribles. En diferentes grados, este contraste moral es cierto en todos nosotros. Hasta las mejores personas tienen fallas; hasta las peores personas de vez en cuando muestran una cualidad decente. ¿Cómo explicamos esta realidad?

¿QUIÉN HIZO TODO ESTO?

Si queremos entender el mundo en el que vivimos, lo mejor es empezar por el principio. Entonces no nos debe sorprender que el primer tema que trata la Biblia es la pregunta: «¿de dónde venimos?».

«En el principio creó Dios los cielos y la tierra» (Gén. 1:1).

Quizás parezca ser una frase simple, pero contiene información importante:

- Vemos que **el mundo tiene un principio.** En otras palabras, no siempre ha existido. Hubo un tiempo en que no existían los cielos ni tierra.
- Pero, también vemos que antes del principio, Dios ya existía. **Dios no tiene principio; él siempre ha sido.**
- Finalmente, vemos que **fue Dios el que creó los cielos y la tierra.** Las cosas no empezaron a existir por fuerzas meramente naturales; nada ocurre «porque sí». Dios creó todo un universo simplemente con su palabra. Génesis 1:3 señala: «Y dijo Dios: Sea la luz; y fue la luz».

Si nuestro mundo fue una simple ocurrencia, si se hubiera creado a sí mismo por medio de una gran explosión o desarrollado lentamente a través del tiempo, entonces es difícil encontrarle propósito o significado.

¿Qué valor tiene decir que algo está «bien» o «mal» si todo lo que existe fuera un accidente?

¿Cómo podemos decir que algo está «bien» o «mal» si no somos más que el resultado de química y energía?

Pero ese no es el mundo en que vivimos. El Dios que creó este mundo es un Dios personal; él nos conoce y podemos conocerlo. Esto es porque él lo creó todo

(¡incluidos nosotros!). Él tiene autoridad sobre todo (¡incluidos nosotros!). «Autoridad» significa el derecho de establecer, normas y Dios, el Creador, establece reglas para su universo. Él nos dice cómo vivir. Nos dice lo que es bueno y lo que es malo, y él no necesita ningún consejo ni aportación de alguien más. Además, no tenemos el derecho de cuestionar sus decisiones o discutir con él sobre sus acciones. Por ejemplo, vemos el regaño que Job recibe en el libro de Job 38-41 cuando intenta demandar a Dios una explicación por sus acciones.

El hecho de que Dios creó el mundo también significa que todo nos da información importante sobre el que nos hizo. Igual que una pintura o escultura revela algo sobre la creatividad y la visión del artista, el mundo que Dios creó nos muestra algo sobre cómo es él. El apóstol Pablo nos dice que cada ser humano tiene conciencia de la existencia de Dios, porque él se ha mostrado a sí mismo a nosotros en su creación:

«Porque lo que de Dios se conoce les es manifiesto, pues Dios se lo manifestó. Porque las cosas invisibles de él, su eterno poder y deidad, se hacen claramente visibles desde la creación del mundo, siendo entendidas por medio de las cosas hechas, de modo que no tienen excusa» (Rom. 1:19-20).

Y el Rey David escribe en los Salmos:

«Los cielos cuentan la gloria de Dios, Y el firmamento anuncia la obra de sus manos» (Sal. 19:1).

Solo con mirar el mundo que Dios ha creado, podemos entender muchas cosas sobre la «naturaleza divina» de Dios. Su

- gloria,
- poder,
- belleza,
- creatividad,
- justicia y
- fortaleza.

Todos son atributos de Dios que podemos ver en su creación.

DETENTE

¿El hecho de que Dios creó todo significa que el mundo tiene propósito? Si todo empezara a existir por sí solo, ¿sería posible que el mundo tuviera un significado o un propósito supremo?

A NUESTRA IMAGEN

El libro de Génesis nos muestra que Dios creó el mundo en el transcurso de seis días (descansó el séptimo día después de haber completado su creación). Cada día de la creación, Dios creaba algo nuevo. Por ejemplo, en el tercer día él creó toda variedad de plantas y árboles, y en el sexto día Dios creó a los primeros seres humanos: a Adán (el primer varón) y a Eva (la primera hembra). Juntos, eran el cenit de la obra de Dios.

«Entonces dijo Dios: Hagamos al hombre a nuestra imagen, conforme a nuestra semejanza; y señoree en los peces del mar, en las aves de los cielos, en las bestias, en toda la tierra, y en todo animal que se arrastra sobre la tierra. Y creó Dios al hombre a su imagen, a imagen de Dios lo creó; varón y hembra los creó. Y los bendijo Dios, y les dijo: Fructificad y multiplicaos; llenad la tierra, y sojuzgadla, y señoread en los peces del mar, en las aves de los cielos, y en todas las bestias que se mueven sobre la tierra» (Gén. 1:26-28).

Observa lo que aprendemos sobre el ser humano en estos versículos:

- Los seres humanos **fueron hechos varón y hembra.** Los géneros fueron idea de Dios desde el principio.
- A los seres humanos les fue dado «**dominio sobre la tierra**». En otras palabras, tenían que actuar

como los agentes de Dios sobre la tierra. Esto lo hacen llenando la tierra con más seres humanos, lo cuales cuidarían de, y señorearían sobre, todos los animales, las plantas y el resto de la creación.

- Los seres humanos fueron *hechos a la imagen de Dios*. Más que cualquier otra creación, el hombre y la mujer fueron creados para demostrar cómo es Dios. El humano es capaz de pensar racionalmente, formar relaciones personales, capaz de crear obras de arte y tomar decisiones morales. En estas formas, y otras, los humanos reflejan la bondad y el carácter de Dios.

DETENTE

Preguntas: Cada ser humano que hayas conocido o conocerás ha sido creado a la imagen de Dios. ¿Cómo influye este hecho en lo que crees sobre el valor de la vida humana? ¿Cómo debería cambiar esto la forma en que tratas a otras personas en tu vida cotidiana?

«Pero ningún hombre puede domar la lengua, que es un mal que no puede ser refrenado, llena de veneno mortal. Con ella bendecimos al Dios y Padre, y con ella maldecimos a los hombres, que están hechos a la semejanza de Dios» (Stg. 3:8-9).

UNA CAÍDA DEVASTADORA

Después de crear a Adán y Eva, Dios declaró que todo lo que había hecho era «muy bueno» (Gén. 1:31). Pero no demoró mucho tiempo para que todo fuera de bien a mal. Veamos, Dios le había dicho a Adán y Eva que eran libres de comer *cualquier cosa* que quisieran del mundo que Dios había creado, con una excepción. No podían comer del árbol del conocimiento del bien y del mal. Mientras obedecieran el mandamiento de

Dios, vivirían eternamente en felicidad perfecta. Pero si desobedecían a Dios y comían del árbol, «ciertamente morirían» (Gn. 2:17).

Seguramente sabes como termina la historia. El diablo llega al jardín en forma de serpiente y tienta a Eva. Los resultados son desastrosos:

«Pero la serpiente era astuta, más que todos los animales del campo que Jehová Dios había hecho; la cual dijo a la mujer: ¿Conque Dios os ha dicho: No comáis de todo árbol del huerto? Y la mujer respondió a la serpiente: Del fruto de los árboles del huerto podemos comer; pero del fruto del árbol que está en medio del huerto dijo Dios: No comeréis de él, ni le tocaréis, para que no muráis. Entonces la serpiente dijo a la mujer: No moriréis; sino que sabe Dios que el día que comáis de él, serán abiertos vuestros ojos, y seréis como Dios, sabiendo el bien y el mal. Y vio la mujer que el árbol era bueno para comer, y que era agradable a los ojos, y árbol codiciable para alcanzar la sabiduría; y tomó de su fruto, y comió; y dio también a su marido, el cual comió así como ella» (Gén. 3:1-6).

¿Te diste cuenta de qué estaba en el centro de la tentación del diablo? Preguntó si Adán y Eva debían creer y obedecer las palabras de Dios. Sugirió que Dios no quería decir lo que decía, y que si Dios lo dijo de esa forma, no tenían que creerle. Eva (y luego Adán) decidió no creer y obedecer a Dios, y por eso entró el pecado al mundo. A veces, los cristianos llamamos este acontecer «la Caída» porque cuando Adán y Eva pecaron, la humanidad «cayó» de la perfección al pecado.

SAMUEL

Parece que hay millones de voces hablándole al oído a Samuel. Todos a su alrededor tienen sus opiniones sobre cómo debe vivir su vida. Sus antiguos amigos parecen estar felices viviendo su vida, llena de borracheras, drogas y sexo.

Su familia parece vivir solo para buscar seguridad financiera. Y claro, la Biblia tiene una visión completamente diferente sobre cómo vivir. ¿Cómo sabe él en quien confiar? Como veremos, todos nuestros problemas empiezan cuando alguien hace caso a una opinion que no es la de Dios.

CONSECUENCIAS

El pecado de Adán y Eva tuvo graves consecuencias, no solo para ellos mismos, sino también para toda la humanidad. Algunas de esas consecuencias fueron:

- **Pecado:** todos los descendientes de Adán (tú, yo y cualquier otra persona) nacieron heredando una naturaleza pecaminosa. Todos pecamos porque somos pecadores; las cosas malas que hacemos, provienen de nuestros corazones pecaminosos.
- **Muerte:** Dios prometió que la desobediencia traería muerte y eso es exactamente lo que pasó. Cuando Adán y Eva pecaron, la muerte física entró al mundo. Pero aún más notable es que entró la «muerte espiritual». Estamos espiritualmente muertos (Ef. 2:1) y merecemos un castigo eterno por nuestra rebelión contra Dios.
- **Maldición:** por este pecado, toda la creación cayó bajo una maldición (Gén. 3:16-19: Rom. 8:20-22). El mundo no funciona como debería. Desastres naturales, hambre, frivolidad, sufrimiento y dolor, todo resultado del pecado.

ILUSTRACIÓN

¿Has estado alguna vez en un salón de espejos? Si te miras en un espejo cóncavo, tu reflejo te mostrará cómicamente bajito y ancho. Si te miras en uno convexo, sigue siendo tu reflejo, pero en este te verás ridículamente alto y flaco. Este ejemplo nos ayuda a entender cómo podemos ser seres «caídos» pero aún así, creados a la imagen de Dios. Reflejamos a Dios, pero en vez de ser una imagen clara y detallada, nuestro refljo está distorsionado. Por esta razón, una persona puede ser capaz de amar y de odiar, de ser amable y también de ser cruel.

VERSÍCULO PARA MEMORIZAR

«Por cuanto todos pecaron, y están destituidos de la gloria de Dios» (Rom. 3:23).

RESUMEN

Dios es el creador de todo, y como resultado, él tiene autoridad sobre todo el mundo y todos los que en él moran. Creó a Adán y Eva para reflejar su imagen, ellos cuidaban del mundo, pero no estaban satisfechos en creer la palabra de Dios y obedecer sus mandamientos. No creyeron y desobedecieron a Dios. Como resultado, todos somos pecadores, estamos alejados de Dios y bajo su justo juicio.

¿CUÁL ES EL PUNTO?

La muerte de Jesús en la cruz es un gran regalo.

CAPÍTULO 6

Expiación y elección

RESUMEN

La Biblia nos enseña que Dios creó a los humanos a su imagen. Como resultado, todos tienen dignidad, amor, belleza y creatividad. Pero como hemos pecado, estamos separados de Dios y espiritualmente muertos. ¿Cómo podemos reconciliarnos con Dios si nos hemos hecho enemigos de él? ¿Cómo podemos volver a tener vida si estamos espiritualmente muertos?

SAMUEL

Durante toda su vida, Samuel ha estado rodeado de imágenes de la cruz de Jesús. Inmensas cruces de madera adornan las iglesias de su pueblo. Los curas portaban crucifijos alrededor de sus cuellos. Los pandilleros llevaban grandes cruces tatuadas en sus espaldas. Sus tías se santiguaban cuando algo importante ocurría. Pero Samuel no entendía el significado de la cruz y por qué Jesús había muerto de esa manera.

¿CÓMO NOS SALVA LA MUERTE DE JESÚS?

No podemos arreglar nuestra naturaleza pecaminosa porque ¡nosotros mismos somos el problema, no la solución! Dios es el único que puede lograr que todo vuelva a su estado. Y eso fue lo que hizo por nosotros enviando a su Hijo.

«Por cuanto todos pecaron, y están destituidos de la gloria de Dios, siendo justificados gratuitamente por su gracia, mediante la redención que es en Cristo Jesús, a quien Dios puso como propiciación por medio de la fe en su sangre, para manifestar su justicia, a causa de haber pasado por alto, en su paciencia, los pecados pasados, con la mira de manifestar en este tiempo su justicia, a fin de que él sea el justo, y el que justifica al que es de la fe de Jesús» (Rom. 3:23-26).

La primera vez que lees este pasaje del apóstol Pablo, quizás sea difícil de entender, además está lleno de palabras que no usamos muy a menudo. Pero si desmenuzamos el texto palabra por palabra, vemos que nos muestra cómo la muerte de Jesús nos salva:

- Pablo nos recuerda que todos hemos *pecado*. Leímos mucho sobre esto en el último capítulo. Este es el problema que necesitamos que Dios nos resuelva.
- Aunque hayamos pecado, podemos ser *justificados*. Ser justificados es ser aceptado como alguien justo. Y aun así, es más que «no ser culpable»; es ser declarado inocente.
- La única manera que podemos ser justificados es si Dios nos da *el regalo de su gracia*. No podemos volvernos justos porque, aunque dejemos de pecar ahora mismo (lo cual no sucederá), eso no quita que hayamos cometido muchos pecados en el pasado. Necesitamos que Dios nos de su gracia,

para darle al pecador una buena relación con Dios, algo que no merecemos.

- El regalo se nos da por medio de la *redención que está en Jesucristo.* Esto quiere decir que es solo por medio de Jesús que Dios nos libera de nuestro pecado.
- La forma que Dios hizo eso fue entregando a Jesús como *propiciación.* Es una manera complicada (pero importante) de decir que «algo satisface la ira». Dios estaba airado contra nuestro pecado, pero Jesús logró reconciliarnos con Dios. Ahora, gracias al perfecto sacrificio de Jesús, Dios está complacido con nosotros.
- La forma en que Jesús hizo esto fue *por medio de su sangre.* Aquí, Pablo está hablando de la muerte de Jesús en la cruz, donde Jesús satisface la ira de Dios contra el pecado de todos los que confiarían en él. Dios derrama su juicio justo sobre Jesús, y ahora no queda nada más que amor y gracia para nosotros.
- Recibimos este gran regalo *por la fe.* Es obvio que no podemos añadir a lo que Jesús ya ha hecho. Todo lo que podemos hacer es aceptar el regalo de Dios, confiando en Jesús nuestra salvación.
- De esta manera, Dios muestra que él es *justo y un justificador para los que tienen fe en Jesús.* Él es justo porque no simplemente agitó una varita mágica e hizo desaparecer todo el pecado. Si Dios hubiera hecho eso, no sería un Dios justo; al fin y al cabo, ¿qué tipo de juez permite que los culpables salgan libres? Para poder librarnos, él tenía que hacer algo por nuestra culpa, entonces en vez de ignorar nuestro pecado, Dios manda a su Hijo para satisfacer las demandas de justicia contra nuestro pecado, muriendo en la cruz. Al castigar a Jesús por nuestros pecados, Dios muestra que él es justo. También es nuestro justificador porque él pone en

marcha un plan para otorgarnos perdón y restauración por medio de Jesús.

La muerte de Jesús en la cruz no solo fue una gran muestra de amor, ni una forma de mostrarnos cómo deberíamos sacrificarnos unos por otros. Cuando Jesús murió en la cruz, él consiguió algo. Él nos expió (que quiere decir purificar) de nuestros pecados, poniéndose en nuestro lugar, tomando nuestro castigo sobre él mismo, y levantándose de los muertos en victoria.

DETENTE

Preguntas: Muchos piensan que las diferentes religiones del mundo ofrecen formas igualmente válidas para estar bien con Dios. ¿La muerte de Cristo cambia nuestra perspectiva en cuanto a esa idea? Si hubieran otras formas para que la gente sea salva de sus pecados, ¿por qué elegiría Jesús morir de esa forma? Si hubiera otra forma de ser salvos, ¿hubiera muerto Jesús?

UN GRAN INTERCAMBIO

«Al que no conoció pecado, por nosotros lo hizo pecado, para que nosotros fuésemos hechos justicia de Dios en él» (2 Cor. 5:21).

Una buena relación con Dios no solo requiere que vivamos libres de pecado, sino que seamos justos. Puesto en palabras sencillas, no es suficiente «no ser malo»; necesitamos ser buenos. Como resultado, los pecadores tenemos dos problemas básicos: un ***problema de pecado*** y un ***problema de justicia.***

- Nuestro ***problema del pecado*** es que somos culpables de hacer, pensar y amar todas las cosas incorrectas.
- Nuestro ***problema de justicia*** es que no tenemos bondad moral; no hemos vivido vidas santas y sin mancha.

Jesús no tenía ninguno de los dos problemas, lo que significa que él nos puede salvar. Al no tener pecado, Jesús no merecía morir. Mientras que daba su vida en la cruz, él no experimentó la ira de Dios hacia sus pecados porque él nunca había cometido ningún pecado. Él tomó nuestros pecados sobre sí mismo y, como dice Pablo en 2 Corintios 5:21, Jesús fue «hecho pecado» por nosotros. Y siendo el Hijo perfectamente obediente a su Padre celestial, él tenía el poder de darnos su justicia como regalo.

Déjame decir esto de la forma más simple posible: cuando vienes a Jesús en fe, Dios el Padre cuenta la santidad de Jesús como tuya. Su justicia se acredita a ti *como si fuera tuya.* De esta manera, somos «hechos justicia de Dios», pero solo gracias a Jesús.

ILUSTRACIÓN

Imagina que estas tomando un examen muy importante en la escuela pero no eres muy buen estudiante. Sabes que aprobar ese examen no se trata solo de no poner respuestas incorrectas, sino que ¡debes responder a las preguntas correctamente! Desafortunadamente, cuando te dan los resultados, ves que fallaste en todas las preguntas.

Pero espera, imagina ahora que el estudiante más inteligente de tu clase te ofrece intercambiar tu calificación por la suya (y todos las consecuencias que vienen con ello) y la profesora decide darte su calificación. No es una comparación perfecta, pero esto nos da una idea de lo que Jesús hizo por nosotros. A pesar de nuestros fallos, la perfección de Jesús fue acreditada a nosotros por medio de fe en él.

ELEGIDO EN AMOR

Con lo que hemos visto hasta ahora, hay preguntas que debemos hacernos. Si todos los seres humanos estamos en la misma condición de muerte espiritual debido a nuestro pecado,

- ¿Por qué algunos siguen a Cristo pero la mayoría no?
- ¿Por qué alguien como Samuel encuentra salvación de su pecado mientras que muchos de nuestros amigos y familiares no?
    - ¿Hay algo especial en Samuel?
    - ¿No estaba espiritualmente muerto?
    - ¿Era él mas inteligente o sensible espriritualmente hablando?

La Biblia nos contesta estas preguntas. Nos explica por qué hay gente que sigue a Cristo, pero no tienen nada bueno en ellos.

«Bendito sea el Dios y Padre de nuestro Señor Jesucristo, que nos bendijo con toda bendición espiritual en los lugares celestiales en Cristo, según nos escogió en él antes de la fundación del mundo, para que fuésemos santos y sin mancha delante de él, en amor habiéndonos predestinado para ser adoptados hijos suyos por medio de Jesucristo, según el puro afecto de su voluntad [...] En él asimismo tuvimos herencia, habiendo sido predestinados conforme al propósito del que hace todas las cosas según el designio de su voluntad» (Ef. 1:3-5, 11).

En estos versículos, Pablo nos dice que Dios eligió a cada uno de los que conforman su pueblo para ser salvos «antes de la fundación del mundo». Esta elección por Dios en cuanto a quien será salvo se llama «elección». Al elegir a su pueblo, Dios derrama su amor sobre ellos y los guía hacia la fe en Jesús para ser salvos (Jn. 6:44).

Entonces, cuando nos preguntamos por qué algunos creen en Jesús y otros no, la respuesta más importante es que la única forma de creer en Jesús es si Dios el Padre ya les ha elegido para creer.

- La Biblia nos enseña que la elección de Dios es ***incondicional***. En otras palabras, Dios no escoge a personas basado en algo bueno que haya visto en ellos. Es importante entender esto, y Pablo se enfoca mucho en esto en Romanos 9:10-13, porque significa que nuestra salvación muestra la gracia de Dios y no lo que nosotros merecemos.
- La elección de Dios es ***libre***, porque la decisión es de él solamente. Dios le dijo a Moises que él tenía la libertad de mostrar misericordia y compasión a cualquiera que él quisiera (Éx. 33:19). Pablo también nos dice que Dios puede endurecer el corazón de quien quiera (Ro. 9:18). Nadie *obligó* a Dios a que eligiera a algunos para salvación, incluso Pablo nos dice que él lo hizo con propósito («conforme al propósito del que hace todas las cosas según el designio de su voluntad») y para su gloria (Ro. 9:23).
- La elección también significa que ***no podemos perder nuestra salvación***. Si Dios nos elige (en vez de que nosotros le elijamos), ¿quien podría deshacer su decisión? (*cf.* Jn. 10:27-29).

Quizás seamos tentados a pensar que la elección no es justa. ¿Cómo podemos responsabilizar a gente porque *Dios* no *los* escogió? Pero debemos recordar que todos nos hemos rebelado libremente contra Dios y merecemos condenación. Nadie puede detener a quien cree en Jesús y quiere reconciliarse con Dios. Sea que rechacemos a Dios o aceptemos su salvación por medio de Jesús, todos estamos eligiendo hacer lo que queremos. Cuando Pablo contesta estas objeciones, nos recuerda que al final, no tenemos derecho a cuestionar a Dios y lo que él hace (Ro. 9:19-24).

Lo que debemos entender es que Dios ha escogido libremente a un grupo de personas para recibir su amor que nos salva. Estas personas reciben la gran misericordia de Dios por medio de Cristo. No podemos entender por qué Dios elige a algunos y a otros no; solo tenemos que entender que Dios siempre es bueno y siempre tiene la razón en todo lo que hace.

VERSÍCULO PARA MEMORIZAR

«¿Qué, pues, diremos a esto? Si Dios es por nosotros, ¿quién contra nosotros? El que no escatimó ni a su propio Hijo, sino que lo entregó por todos nosotros, ¿cómo no nos dará también con él todas las cosas? ¿Quién acusará a los escogidos de Dios? Dios es el que justifica» (Rom. 8:31-33).

RESUMEN

En amor, Dios elige algunos pecadores sin esperanza para recibir su gran amor. Jesús tomó la culpa y la condenación de todas estas personas sobre sí mismo cuando colgaba en el madero; el triunfo de Jesús se ve claramente cuando Dios lo levanta de los muertos. Ahora, todos los que confían en Jesús reciben su justicia como un regalo de Dios y son considerados justos ante Dios el Padre.

¿CUÁL ES EL PUNTO?

Con la ayuda de Dios, debemos enfrentar nuestro pecado.

CAPÍTULO 7

Santificación y perseverancia

RESUMEN

En el capítulo anterior, analizamos lo que Dios ha hecho por nosotros en Cristo. Atrapados en nuestro pecado y culpa, Dios mandó a su Hijo para salvarnos. Jesús vivió una vida de perfecta obediencia a su Padre celestial, tomó nuestro castigo sobre la cruz y resucitó de los muertos, victorioso sobre el pecado y la muerte. El Espíritu Santo nos da nueva vida espiritual a todos los elegidos por el Padre, dándonos el don del arrepentimiento y fe en Jesús.

En otras palabras, está claro que la salvación es obra de Dios, no nuestra. Pero eso no significa que no tengamos que hacer *nada* para vivir como cristianos.

SAMUEL

El momento en que Samuel puso su fe en Cristo, se dio cuenta de algunos cambios inmediatos en su vida. Pensaba cómo agradar a Dios con su vida. No perdía el control y mostraba paciencia con su familia. Cuando veía que alguien estaba necesitado, sentía un deseo de ayudarles. Pero también habían cosas que, aunque se esforzaba, no cambiaban con tanta facilidad. Sentía culpa al mentir para cubrir sus malos actos, pero dejar de hacerlo era difícil. También era difícil rechazar oportunidades de acostarse con mujeres. Con toda honestidad, Samuel está algo decepcionado al ver que Dios no ha eliminado de su vida estas luchas con el pecado.

DEBES SER SANTO

Los cristianos deben ser santos. Deben esforzarse para agradar a Dios con sus pensamientos, actitudes, emociones y acciones. Ahora, la palabra «santo» quizás suena un poco anticuada, pero *la santidad es muy real, muy práctica y algo muy importante* para aquellos que siguen a Jesús.

«Seguid la paz con todos, y la santidad, sin la cual nadie verá al Señor» (Hec. 12:14).

El autor de Hebreos lo deja claro: sin santidad, no tenemos ninguna esperanza de encontrarnos con Dios en el cielo. La santidad de un cristiano hace clara la diferencia entre la gente que aún pertenece al diablo y la gente que ha sido adoptada en la familia de Dios por medio de Cristo (1 Jn. 3:10).

HAS SIDO HECHO BUENO

Quizás suene espantoso, pero hemos visto claramente que ninguno de nosotros puede llegar a ser lo suficientemente bueno para agradar a Dios. Quizás podamos controlar nuestras acciones, pero ninguno puede tener actitudes, pensamientos o emociones puramente santas.

¿Entonces, si debemos ser santos para poder ver a Dios, tenemos alguna esperanza?

¡Claro que sí! Como hemos visto ya, cuando venimos a Jesús, recibimos su justicia como don gratuito.

Entonces los que están en Cristo tienen toda la santidad que necesitan para ser admitidos en el cielo. Por eso, los autores del Nuevo Testamento les llaman «santos» a los cristianos. Por ejemplo, al principio de 1 Corintios, Pablo saluda a los cristianos diciendo: «... a la iglesia de Dios que está en Corinto, a los santificados en Cristo Jesús, llamados a ser santos con todos los que en cualquier lugar invocan el nombre de nuestro Señor Jesucristo, Señor de ellos y nuestro» (1 Cor. 1:2).

Ahora, como deja claro el resto de la carta, estos cristianos tenían serios problemas. Peleaban entre ellos, contendiendo uno contra otro, emborrachándose en la Cena del Señor y tolerando la inmoralidad sexual. No eran perfectos, pero estaban unidos con Cristo por la fe. A ellos, como a ti, se les acreditó la perfecta santidad de Cristo. Fueron «santificados en Cristo Jesús». Todos los cristianos son santos ante el Señor gracias a la obra de Jesús.

AHORA, SE BUENO

Todos los cristianos son considerados justos en Cristo. Pero ahí no terminan las cosas. Jesús no murió para tan solo perdonarnos de nuestros pecados; también murió para librarnos del poder del pecado sobre nosotros. Es como si Dios le dijera a su pueblo: «En Jesús, han sido hechos santos. Ahora, vayan al mundo y sean lo que ya son!».

La santidad de Jesús debería ser más y más visible en nuestras acciones, actitudes, palabras, decisiones y pensamientos. Nunca debemos pensar que nuestro crecimiento como personas bondadosas *hace* que Dios nos ame más. Es por el conocimiento de que Dios nos ama, que debemos ver un verdadero crecimiento en santidad al caminar con Cristo.

«... pues la voluntad de Dios es vuestra santificación; que os apartéis de fornicación; que cada uno de vosotros sepa tener su propia esposa en santidad y honor; no en pasión de concupiscencia, como los gentiles que no conocen a Dios; [...] Pues no nos ha llamado Dios a inmundicia, sino a santificación» (1 Tes. 4:3-5, 7).

Quizás te preguntes cuál es el plan de Dios para tu vida. De acuerdo a la carta de Pablo a los tesalonicenses, tiene menos que ver con dónde vives y a lo que te dedicas, y más que ver con tu «santificación». Ciertamenete, ninguno de nosotros seremos perfectos hasta que estemos con Jesús en el cielo. Siempre tendremos que depender del perdón de Dios cuando pecamos (1 Jn. 1:8-10), pero nuestras vidas deben caracterizarse por un creciente parecido a Cristo y libertad del pecado.

ILUSTRACIÓN

La santidad puede parecer la «mala noticia» del cristianismo. Sí, que fantástico que puedas ir al cielo, pero tienes que abandonar todas las cosas que hacen que la vida sea divertida y emocionante. Cuando Dios manda a su pueblo que sean santos, quizás sea como poner un contenedor de galletas deliciosas en lo más alto de la alacena, fuera del alcance del cristiano.

Pero no entendemos lo verdaderamente terrible que es el pecado. El pecado previene que estemos con Dios en el cielo, pero también hace que la vida terrenal sea terrible. Claro, hay placeres a corto plazo que acompañan al pecado. Pero a la larga, las consecuencias son horribles: adicciones, sentimientos de vivir sin sentido, familias rotas, desesperanza, violencia, opresión y una multitud de otros males. **El pecado es como una pastilla venenosa espolvoreada con azúcar; quizás sepa dulce en ese momento, pero te matará.**

Cuando Dios nos llama a que seamos santos, no está evitando que alcanzacemos las galletas, nos está alejando del veneno.

DETENTE

Pregunta: ¿Qué pensarías si alguien te dij*era que es seguidor de Cristo pero no ha intentado alejarse del pecado en su vida?*

LA OBRA DE DIOS Y LA NUESTRA

Si la santidad es tan importante, ¿cómo la obtenemos? Bueno, nuestro crecimiento en santidad es diferente a nuestra justificación (estar bien ante Dios por medio de Jesús). No contribuimos a nuestra justificación; desde el principio hasta el final, es la obra de Dios. Él nos elige, manda a su Hijo, nos da nueva vida por medio del Espíritu Santo y nos da fe como don gratuito. Nosotros no aportamos nada en ese proceso aparte del pecado que nos trajo condenación.

Pero nuestro crecimiento en santidad es diferente. Piensa en estos versículos.

«Por tanto, amados míos, como siempre habéis obedecido, no como en mi presencia solamente, sino mucho más ahora en mi ausencia, ocupaos en vuestra salvación con temor y temblor, porque Dios es el que en vosotros produce así el querer como el hacer, por su buena voluntad» (Fil. 2:12-13).

Este pasaje nos dice que Dios está obrando en nosotros, ayudándonos a ser santos. Dios nos ha hecho querer ser santos (*el querer*) y nosotros ponemos el esfuerzo de hacer lo que a él le agrada (*el hacer, por su buena voluntad*). Pero la manera en que Dios obra en nuestras vidas no excluye nuestra participación. Debemos «ocuparnos en nuestra salvación» humilde y respetuosamente; debemos complementar la salvación que Jesús ha hecho en nuestras vidas. Porque Dios está obrando para hacer cambios en nosotros, trabajamos arduamente haciendo lo que Dios nos llama hacer y evitando lo que no nos permite hacer.

No hay ninguna fórmula mágica para esto, pero con la ayuda del Espíritu Santo, podemos hacer lo siguiente:

- **Orar:** esto es una de las mejores cosas que podemos hacer, ir a Dios y pedirle que nos ayude a crecer en santidad. ¡Esa es una petición que alegremente contestará!
- **Leer la Biblia**: la Palabra de Dios es comida para nuestras almas. Necesitarás una buena «comida» para poder pelear esta batalla con resistencia.
- **Confesar el pecado:** el pecado florece en la oscuridad. Al ser abierto con otros cristianos sobre nuestras luchas, brillamos una gran luz sobre nuestros pecados y nos enfrentamos a ellos, luchando cara a cara con ello.
- **Estar en comunión:** no estamos hechos para seguir a Jesús solos. Dios nos ha dado a otros creyentes en la Iglesia para enseñarnos, ayudarnos a decirle no al pecado y darnos oportunidades para servir y amar a otros.
- **Huir de tentación**: mientras vivamos, tendremos una batalla interna contra nuestros deseos pecaminosos.
- **Buscar ser piadoso**: no queremos caer en la trampa de solo evitar el pecado. También queremos crecer en las cosas que agradan al Señor; cosas como amor, servicio, autocontrol y humildad.

SIGUE ADELANTE

Seguirás a Jesús por el resto de tu vida. El autor de Hebreos nos dice que sigamos firmes en la fe y nos advierte contra «apartarnos» del camino:

Mirad, hermanos, que no haya en ninguno de vosotros corazón malo de incredulidad para apartarse del Dios vivo; antes exhortaos los unos a los otros cada día, entre tanto que se dice: Hoy; para que ninguno de vosotros se endurezca por el engaño del pecado. Porque somos hechos participantes de Cristo, con tal que retengamos firme hasta el fin nuestra confianza del principio (Hec. 3:12-14).

Este pasaje deja claro que seguir a Jesús no es algo de una sola vez. Debemos continuar en la fe «hasta el fin» y no «apartarnos». Seguro que habrá muchos obstáculos en nuestro camino (*cf.* Luc. 8:5-15), pero un verdadero seguidor de Cristo continuará caminando con él.

> «Salieron de nosotros, pero no eran de nosotros; porque si hubiesen sido de nosotros, habrían permanecido con nosotros; pero salieron para que se manifestase que no todos son de nosotros» (1 Jn. 2:19).

Quizás suene espantoso, como si pudiéramos perder nuestra salvación. Y es cierto que estas advertencias en las Escrituras son para llamarnos la atención a no volver a nuestras antiguas formas de vivir antes de Cristo. Pero ningún seguidor de Jesús puede apartarse de él por completo. Igual que nuestro crecimiento en santidad, nuestra perseverancia en la fe es obra nuestra, pero también de Dios, y él nos promete que llegaremos al final.

Escucha estas palabras de Jesús:

«Mis ovejas oyen mi voz, y yo las conozco, y me siguen, y yo les doy vida eterna; y no perecerán jamás, ni nadie las arrebatará de mi mano. Mi Padre que me las dio, es mayor que todos, y nadie las puede arrebatar de la mano de mi Padre» (Juan 10:27-29).

SAMUEL

A pesar de todo, hay ocasiones en que Samuel se siente tentado a regresar a su antigua forma de vivir. Era una vida cómoda que ya conocía y, a veces, siguiendo a Cristo, se siente solo y sin sentido. ¿Qué le dirías si te preguntara qué hacer?

VERSÍCULO PARA MEMORIZAR

«Por tanto, nosotros también, teniendo en derredor nuestro tan grande nube de testigos, despojémonos de todo peso y del pecado que nos asedia, y corramos con paciencia la carrera que tenemos por delante, puestos los ojos en Jesús, el autor y consumador de la fe, el cual por el gozo puesto delante de él sufrió la cruz, menospreciando el oprobio, y se sentó a la diestra del trono de Dios» (He. 12:1-2).

RESUMEN

Los verdaderos cristianos crecerán en santidad y perseverarán en su fe. Eso requiere disciplina y esfuerzo de nuestra parte. Pero al final, dependemos de Dios para fortalecernos en la obra.

¿CUÁL ES EL PUNTO?

Lo que sucederá al final, importa ahora.

CAPÍTULO 8

El cielo y el infierno

RESUMEN

En el último capítulo, hablamos sobre la necesidad de ser santos y perseverar en nuestro andar con Jesús. Ambas requieren que trabajemos, aunque dependemos de la ayuda de Dios para crecer y perseverar. Ahora, pongamos nuestra atención en lo que le espera a la humanidad al final de la vida: el cielo o el infierno.

SAMUEL

Después de involucrarse con el crimen, Samuel a menudo se preocupaba de terminar en el infierno. Uno de sus amigos pandilleros le decía: «Nos iremos al infierno, pero tendremos las mejores historias para contar». Samuel nunca se reía, le aterraba pensar que acabaría en el infierno. Ahora que es cristiano, ya no se preocupa de ser condenado al infierno. Pero si es honesto, tampoco anticipa con entusiasmo el ir al cielo. No entiende bien lo que hace del cielo un lugar tan maravilloso para que él quisiera ir.

JUICIO

En el primer capítulo, hablamos brevemente sobre el hecho de que Dios es un juez santo. La Biblia nos enseña que después de morir, o después de la venida de Jesús, nos enfrentaremos al juicio de Dios. Aquí hay algunas citas donde se habla de ello:

- El Apóstol Pablo habló con el pueblo de Atenas y les dijo: «Pero Dios, habiendo pasado por alto los tiempos de esta ignorancia, ahora manda a todos los hombres en todo lugar, que se arrepientan; por cuanto ha establecido un día en el cual juzgará al mundo con justicia, por aquel varón a quien designó, dando fe a todos con haberle levantado de los muertos» (Hec. 17:30-31).
- El autor de Hebreos escribió: «Entonces Bernabé, tomándole, lo trajo a los apóstoles, y les contó cómo Saulo había visto en el camino al Señor, el cual le había hablado, y cómo en Damasco había hablado valerosamente en el nombre de Jesús» (He. 9:27).
- Y en 2 Corintios, Pablo le dice a la iglesia: «Porque es necesario que todos nosotros comparezcamos ante el tribunal de Cristo, para que cada uno reciba según lo que haya hecho mientras estaba en el cuerpo, sea bueno o sea malo» (2 Cor. 5:10).

El juicio de Dios es completamente justo, porque Dios es el único que ve cada pensamiento, hecho y actitud. A diferencia de los jueces humanos, Dios no tiene preferencias, ni comete errores. Él lo ve todo con perfecta claridad, y su juicio siempre es justo (Ap. 19:2).

- «Porque Dios traerá toda obra a juicio, juntamente con toda cosa encubierta, sea buena o sea mala» (Ecl. 12:14).

- Y no hay cosa creada que no sea manifiesta en su presencia; antes bien todas las cosas están desnudas y abiertas a los ojos de aquel a quien tenemos que dar cuenta (He. 4:13).
- Porque sus ojos están sobre los caminos del hombre, Y ve todos sus pasos (Job 34:21).
- Los ojos de Jehová están en todo lugar, Mirando a los malos y a los buenos (Prov. 15:3).

«Cuando el Hijo del Hombre venga en su gloria, y todos los santos ángeles con él, entonces se sentará en su trono de gloria, y serán reunidas delante de él todas las naciones; y apartará los unos de los otros, como aparta el pastor las ovejas de los cabritos. Y pondrá las ovejas a su derecha, y los cabritos a su izquierda. Entonces el Rey dirá a los de su derecha: Venid, benditos de mi Padre, heredad el reino preparado para vosotros desde la fundación del mundo [...]. Entonces dirá también a los de la izquierda: Apartaos de mí, malditos, al fuego eterno preparado para el diablo y sus ángeles. [...] E irán éstos al castigo eterno, y los justos a la vida eterna» (Mt. 25:31-34, 41, 46).

Es difícil pasar por alto lo que Jesús quiere decirnos en estos versículos: en el día del juicio, habrá una separación final entre la humanidad, algunos siendo llamados «benditos de mi Padre» a los que les será dada la bienvenida a la vida eterna en el cielo y los otros siendo llamados «malditos» que sufrirán el eterno castigo del infierno. No hay más opciones. Los incrédulos serán juzgados por rebelión contra Dios mientras que el pueblo de Dios será premiado por su fiel servicio, pues sus pecados fueron ya pagados en la cruz de Cristo.

Hagámonos algunas preguntas para entender mejor la importancia de este tema:

¿QÚE ES EL CIELO?

El cielo es el lugar donde Dios está presente en amor y santidad. Claro, Dios está presente en todos lados pero el cielo es su lugar de morada (1 R. 8:43; Isa. 66:1). Por esto, Jesús nos enseña a orar a nuestro Padre «que está en los cielos» (Mt. 6:9). Después de resucitar, Jesús ascendió al cielo (He. 9:24) y sigue allí, esperando el día cuando regrese a la tierra.

El cielo es un lugar donde Dios es adorado y un lugar donde se deleita en su presencia (He. 12:22-24; Ap. 4). Cuando un cristiano muere, su espíritu se va para estar con Jesús en el cielo (Fil. 1:21-23), donde Dios tiene una morada preparada para que viva eternamente feliz (He. 11:13-16). El cielo es un lugar de gozo y bendición, donde cada tentación, lágrima y prueba es eliminada por Dios mismo (Ap. 21:4). No sorprende que Jesús lo llame «paraíso» en Lucas 23:43. Vivir con Dios en el cielo, es lo que más debemos esperar.

¿QUÉ ES EL INFIERNO?

El infierno es un lugar de eterno castigo para aquellos que rehusan poner su fe en Jesús y, por lo tanto mueren en sus pecados (Ef. 5:3-6). En Apocalipsis, Juan nos da una aterradora visión de lo que pasa a aquellos que se oponen al Señor:

«... él también beberá del vino de la ira de Dios, que ha sido vaciado puro en el cáliz de su ira; y será atormentado con fuego y azufre delante de los santos ángeles y del Cordero; y el humo de su tormento sube por los siglos de los siglos. Y no tienen reposo de día ni de noche los que adoran a la bestia y a su imagen, ni nadie que reciba la marca de su nombre» (Ap. 14:10-11).

Para resumir, el infierno es el peor destino que nos podemos imaginar.

¿QUÉ NOS ENSEÑA LA BIBLIA SOBRE EL INFIERNO?

El infierno es una realidad terrible, por eso algunos cristianos han intentado diluir las enseñanzas de la Biblia, haciendo que el infierno suene menos terrible.

- Algunos enseñan que el infierno no es un sitio real, sino que es una metáfora para la forma en que arruinamos nuestras vidas por medio del pecado.
- Otros han dicho que el infierno no es eterno, sino un lugar donde Dios manda a pecadores para sacarlos de su miseria, hasta destruirlos.
- Algunas tradiciones eclesiásticas han inventado otros destinos donde puede ir el ser humano después de morir, como el «purgatorio» donde somos purificados de nuestro pecado y paulatinamente nos vamos preparando para ir al cielo.
- También hay los que dicen que el infierno es donde Dios está ausente y los pecadores son dejados para vivir a su manera. Están en el infierno por elección propia.

El problema con estas perspectivas es que no reflejan lo que la Biblia nos enseña. Quizás contengan algunas verdades (como que las consecuencias de nuestros pecados son una muestra de cómo será el infierno), pero la Biblia nos deja claro que aquellos que viven en rebelión contra Dios se enfrentarán a un sufrimiento eterno. En el Evangelio de Marcos, Jesús llama al infierno «el fuego (que) nunca se apaga» y «donde el gusano de ellos no muere, y el fuego nunca se apaga» (Mar. 9:44 y 9:48). La única forma de entender estos pasajes es que los sufrimientos en el infierno son eternos.

También tiene sentido porque, ¿cómo se podría castigar el pecado contra el Dios eterno, sino de manera eterna, si el pecado es traición cometida por personas con almas eternas contra un Dios perfectamente santo que existe en todo lugar por toda la eternidad? ¿Y hasta qué punto en el futuro creemos que la santa ira de Dios contra el pecado terminará?

No debemos actuar como si la reputación y el carácter de Dios son los que necesitan ser salvados de la realidad del infierno. Incluso, el infierno nos enseña algunas cosas importantes, por ejemplo, que Dios es santo y el pecado contra él es terrible. Si lo que nos enseña la Biblia sobre el infierno nos parece injusto, probablemente sea porque no tomamos la gloria y santidad de Dios lo suficientemente en serio. Si lo hiciéramos, ni si quiera pensaríamos sugerir que Dios de alguna manera es injusto por condenar el pecado de esa forma. Incluso, estaría mal que Dios no condenara el pecado de la forma en que lo hace.

DETENTE

Pregunta: Muchos no creen en el juicio final o el infierno. ¿Por qué razón crees que algunos no creen en estas cosas?

¿QUÉ EFECTO TIENE EL CIELO Y EL INFIERNO SOBRE MI VIDA AHORA?

Jesús a menudo hablaba sobre el infierno, no porque disfrutara asustar a la gente, sino porque él sabía que deberíamos vivir conscientes de la terrible realidad. Deberíamos estar más preocupados por evitar el infierno que por evitar sufrimiento aquí en la tierra.

- «Por tanto, si tu ojo derecho te es ocasión de caer, sácalo, y échalo de ti; pues mejor te es que se pierda uno de tus miembros, y no que todo tu cuerpo sea echado al infierno. Y si tu mano derecha te es ocasión de caer, córtala, y échala de ti; pues mejor te es

que se pierda uno de tus miembros, y no que todo tu cuerpo sea echado al infierno» (Mt. 5:29-30).
- «Y no temáis a los que matan el cuerpo, mas el alma no pueden matar; temed más bien a aquel que puede destruir el alma y el cuerpo en el infierno» (Mt. 10:28).

Que bueno que lo opuesto también sea cierto. Si la realidad del infierno nos debe alejar de nuestro pecado, entonces la promesa del cielo debe animarnos a seguir adelante hacia la santidad y la obediencia.

- Buscar la pureza puede ser cansado o difícil, pero hay una gran premio esperándonos en el cielo: «Bienaventurados los de limpio corazón, porque ellos verán a Dios» (Mt. 5:8).
- El autor de Hebreos nos dice que Moisés dijo «no» a los placeres pecaminosos de Egipto para poder obtener el galardón en el cielo: «Por la fe Moisés, hecho ya grande, rehusó llamarse hijo de la hija de Faraón, escogiendo antes ser maltratado con el pueblo de Dios, que gozar de los deleites temporales del pecado, teniendo por mayores riquezas el vituperio de Cristo que los tesoros de los egipcios; porque tenía puesta la mirada en el galardón» (He. 11:24-26).

ILUSTRACIÓN

Conocer las consecuencias de ciertos comportamientos nos ayuda a tomar buenas decisiones. Antes, la gente fumaba cigarros exageradamente. Ahora sabemos que causan cáncer de pulmón y hay muchas menos personas que fuman porque el costo es demasiado alto. La gente elige no violar la ley porque no quiere acabar en la cárcel. El saber que el infierno está a la espera de aquellos que viven en rebelión contra Dios debe motivarnos a decir «no» al pecado y motivarnos a reconciliarnos con Dios por medio de la fe en Jesús.

Del mismo modo, la mayoría de las personas están dispuestas a sobrellevar ciertas dificultades a corto plazo con tal de obtener algo mejor en el futuro. La gente va al trabajo, hace ejercicio, come saludable, va al colegio y ahorra dinero no porque disfruten de hacerlo en ese mismo momento, sino porque son seguidas por beneficios a largo plazo. El cielo es así; es nuestro premio a largo plazo. Pasamos por alto los placeres del pecado porque sabemos que es mucho mejor tener el cielo que disfrutar del pecado temporal.

La Biblia es muy realista; nunca dice que el pecado no trae placer. Al fin y al cabo, ¡por eso es que las personas pecan!

> El drogarse te hace sentir bien en el momento.
> Robar dinero te facilita obtener cosas que disfrutarás.
> El pecado sexual trae placer físico.

No tenemos que negar esta verdad para evitar el pecado.

Pero aquí vemos el problema con el pecado: sus placeres son demasiado pequeños y temporales. Da igual el momento de felicidad que nos dé el pecado, no merece la pena ir al infierno por ello; no se puede comparar con el gozo eterno de estar el la presencia de Dios eternamente.

SAMUEL

Al principio, la idea de castigo eterno le incomodaba a Samuel. Pero mientras meditaba en ello, el mundo en el que vivió estaba lleno de injusticia. El fuerte se aprovechaba del débil, hombres abusan de mujeres, adultos abusan de niños y los malos se aprovechaban de los buenos. Viéndolo desde esta perspectiva, era más fácil ver la bondad del juicio justo de Dios.

VERSÍCULO PARA MEMORIZAR

«Conforme a la fe murieron todos éstos sin haber recibido lo prometido, sino mirándolo de lejos, y creyéndolo, y saludándolo, y confesando que eran extranjeros y peregrinos sobre la tierra. Porque los que esto dicen, claramente dan a entender que buscan una patria; pues si hubiesen estado pensando en aquella de donde salieron, ciertamente tenían tiempo de volver. Pero anhelaban una mejor, esto es, celestial; por lo cual Dios no se avergüenza de llamarse Dios de ellos; porque les ha preparado una ciudad» (Hec. 11:13-16).

RESUMEN

Al ser hechos por Dios a su imagen, cada ser humano debe dar cuentas ante él. Dios ha prometido castigar el pecado en el infierno por toda la eternidad, pero también ha prometido dar vida eterna en el paraíso a todo aquel que acuda a él por medio de la fe en Cristo. Esas verdades deben motivarnos a decir «no» al pecado. También nos debe motivar a esperar con entusiasmo estar con Dios en el cielo.

¿CUÁL ES EL PUNTO?

Cuando Jesús regrese, todo cambiará para siempre.

CAPÍTULO 9

La segunda venida de Jesús

RESUMEN

Hemos cubierto mucho hasta ahora: el carácter de Dios, la creación del mundo, la caída de la humanidad por el pecado, la redención por medio de Jesucristo y la realidad del cielo y el infierno. Solo nos queda un tema por tratar: el regreso de Cristo.

SAMUEL

Si Samuel es honesto, a veces le cuesta creer todo lo que dice la Biblia. Al fin y al cabo, él no habla con Jesús ni lo ha visto; requiere de mucha fe poner tu esperanza en alguien que no ves y, por 2000 años, los cristianos han estado viviendo «por fe» y no «por vista».

Pero un día, todo eso cambiará.

JESÚS REGRESARÁ

Después de que Jesús resucitara de los muertos, pasó cuarenta día con sus discípulos antes de ir al cielo a tomar su lugar de honor. Habiendo ascendido al cielo, los discípulos recibieron una promesa de que un día él volvería:

«Y estando ellos con los ojos puestos en el cielo, entre tanto que él se iba, he aquí se pusieron junto a ellos dos varones con vestiduras blancas, los cuales también les dijeron: Varones galileos, ¿por qué estáis mirando al cielo? Este mismo Jesús, que ha sido tomado de vosotros al cielo, así vendrá como le habéis visto ir al cielo» (Hec. 1:10-11).

Esto no tenía porqué sorprenderles, ya que Jesús a menudo enseñaba sobre esto. Encontramos en un instante en Mateo 24 donde Jesús habla de sí mismo como «El Hijo del Hombre» y dice:

«Entonces aparecerá la señal del Hijo del Hombre en el cielo; y entonces lamentarán todas las tribus de la tierra, y verán al Hijo del Hombre viniendo sobre las nubes del cielo, con poder y gran gloria. Y enviará sus ángeles con gran voz de trompeta, y juntarán a sus escogidos, de los cuatro vientos, desde un extremo del cielo hasta el otro» (Mat. 24:30-31).

Incluso, en todas las cartas del Nuevo Testamento, el autor asume que es importante que sepas que Jesús regresará. Por ejemplo, Pablo escribió esto a los tesalonicenses: «Porque el Señor mismo con voz de mando, con voz de arcángel, y con trompeta de Dios, descenderá del cielo; y los muertos en Cristo resucitarán primero» (1 Tes. 4:16)

Estudiemos algunas cosas importantes que deberíamos saber sobre el regreso de Jesús.

LA SEGUNDA VENIDA DE JESÚS SERÁ DIFERENTE DE LA PRIMERA

Cuando Jesús vino a la tierra por primera vez, él fue imagen de humildad. Nació en un ambiente humilde y vivió una vida pobre. No había nada inusual sobre su apariencia que te hubiera hecho pensar que era algo especial. Durante su primera venida, la mayoría del pueblo no tenía ni idea que algo significante había ocurrido.

Pero cuando regrese, no será así. Como ya hemos visto, será con «poder y gran gloria» (Mat. 24:30). Cuando Jesús regrese, será un espectáculo que todo el mundo verá. En el Evangelio de Mateo, Jesús le dijo a sus discípulos que no creyeran a ninguno que reclame haber visto a Jesús de nuevo en la tierra, porque cuando venga de verdad, sin duda todo el mundo lo sabrá. Vendrá de verdad. No será algo que se pueda ignorar: «Así que, si os dijeren: Mirad, está en el desierto, no salgáis; o mirad, está en los aposentos, no lo creáis. Porque como el relámpago que sale del oriente y se muestra hasta el occidente, así será también la venida del Hijo del Hombre» (Mat. 24:26-27).

Jesús vino a la tierra por primera vez a sufrir y a salvar pecadores, pero en su segunda venida vendrá a juzgar al mundo. En Mateo 16:27, leemos lo siguiente: «Porque el Hijo del Hombre vendrá en la gloria de su Padre con sus ángeles, y entonces pagará a cada uno conforme a sus obras». Y en Apocalipsis 22:12, Jesús declara: «He aquí yo vengo pronto, y mi galardón conmigo, para recompensar a cada uno según sea su obra».

Cuando aparezcamos ante Jesús en el juicio, una gran separación tomará lugar. Todo muerto resucitará de los muertos, pero habrá dos destinos esperándolos. Los seguidores de Cristo no serán condenados por sus pecados (Ro. 8:1) porque Jesús tomó su juicio y condenación en la cruz. En su lugar, recibirán un gran galardón de parte del Dios misericordioso por sus acciones de amor y obediencia (2 Cor. 5:10). Los incrédulos, sin embargo, responderán por su rebelión contra Dios y recibirán el castigo justo por sus acciones (ver discusión sobre el infierno en capítulos previos).

HABRÁ SEÑALES...

Las principales preguntas que la gente hace hoy día en cuanto a la segunda venida de Cristo son: «¿crees que sucederá?» y «¿cómo se puede saber cuando volverá?». Curiosamente, la gente hacía las mismas preguntas cuando Jesús aún estaba sobre la tierra. Incluso, Jesús le indicó a sus discípulos algunas señales que precederían a su regreso. Algunas de esas cosas fueron cumplidas mientras los discípulos aún estaban en vida (como la destrucción del templo y la ciudad de Jerusalén a manos de los romanos en el año 70 después de Cristo, *cf.* Mar. 13:1-18), pero otras señales no se cumplirían hasta inmediatamente antes del regreso de Jesús (como que se oscurecerá el sol, o que las estrellas caerán del cielo, *cf.* Mar. 13:24-26).

... PERO NO SABEMOS CUÁNDO

Parece que de vez en cuando, un maestro de la Biblia anuncia que ha descubierto el código secreto de la Biblia y dice haber descubierto cuándo será el regreso de Jesús. Pero siempre fallan, porque Jesús mismo dijo que únicamente Dios el Padre sabe el día y la hora de su venida. ¡Incluso Jesús dice que no sabe cuando volverá!

Es triste ver cómo tantos cristianos gastan tanto tiempo y energía tratando de descifrar si eventos recientes, una guerra, un terremoto o el crecimiento de un amenazante líder politico precederán el regreso inminente de Jesús. El Nuevo Testamento nunca nos incita a especular de esa forma sobre estas cosas. Lo que sí hace, es ofrecer una verdad sobre el futuro que debería impactar la forma en que vivimos en el presente.

En Marcos 13, Jesús advierte a sus seguidores cómo deben vivir su vida a la luz de esta verdad de su regreso. Hablando del tiempo y la hora, Jesús dice:

«Pero de aquel día y de la hora nadie sabe, ni aun los ángeles que están en el cielo, ni el Hijo, sino el Padre. Mirad, velad y orad; porque no sabéis cuándo será el tiempo. Es como el hombre que yéndose lejos, dejó su casa, y dio autoridad a sus siervos, y a cada uno su obra, y al portero mandó que velase. Velad, pues, porque no sabéis cuándo vendrá el señor de la casa; si al anochecer, o a la medianoche, o al canto del gallo, o a la mañana; para que cuando venga de repente, no os halle durmiendo. Y lo que a vosotros digo, a todos lo digo: Velad» (Mr. 13:32-37).

No es tan difícil entender lo que dice Jesús en este pasaje. Nadie sabe cuándo regresará; entonces, deberíamos vivir nuestra vida con expectativa (porque sabemos que él *sí regresará*) e incertidumbre (porque no sabemos *cuando* regresará).

ILUSTRACIÓN

Imagina que tu amigo se va de viaje y te deja quedarse en su casa. Te acomodas y tienes una buena experiencia allí. Pero ahora tu amigo regresará a casa y no la tienes preparada. Tienes recipientes de comida por toda la casa, ropa sucia tirada y el olor a sudor penetra toda la casa. Estarías corriendo por toda la casa limpiando como loco, porque si no, tu amigo se ofendería por tu falta de cuidado y atención a su casa.

Bueno, Jesús nos ha dejado instrucciones sobre cómo debemos vivir durante su ausencia en la tierra. Como su regreso podría ser en cualquier momento, no habrá tiempo de prepararnos. Esa es buena razón para estar seguro que estás viviendo cada día de manera que siempre estás preparado para su regreso.

DETENTE

Preguntas: ¿Qué piensas que significa estar preparado para la venida de Jesús? ¿Qué cosas crees que él quiere que hagamos mientras está «*ausente*»*? ¿Que cosas no deberíamos estar haciendo?*

«Porque vosotros sabéis perfectamente que el día del Señor vendrá así como ladrón en la noche; que cuando digan: Paz y seguridad, entonces vendrá sobre ellos destrucción repentina, como los dolores a la mujer encinta, y no escaparán. Mas vosotros, hermanos, no estáis en tinieblas, para que aquel día os sorprenda como ladrón. Porque todos vosotros sois hijos de luz e hijos del día; no somos de la noche ni de las tinieblas. Por tanto, no durmamos como los demás, sino velemos y seamos sobrios. Pues los que duermen, de noche duermen, y los que se embriagan, de noche se embriagan. Pero nosotros, que somos del día, seamos sobrios, habiéndonos vestido con la coraza de fe y de amor, y con la esperanza de salvación como yelmo» (1 Tes. 5:2-8).

¿QUÉ PASARÁ DESPUÉS DEL JUICIO?

La segunda venida de Jesús dará un final dramático a la historia del mundo. Cada hecho llevada a cabo por cada persona de todas las edades será puesto a la luz y juzgado.

Pero este final será solo el principio de una magnifico nuevo mundo. Esto es lo que dice la Biblia que pasará:

1. *El antiguo mundo dejará de ser.* En 2 Pedro 3, leemos: «Como todas las cosas que pertenecen a la vida y a la piedad nos han sido dadas por su divino poder, mediante el conocimiento de aquel que nos llamó por su gloria y excelencia» (2 P. 3:10).

2. *Dios traerá un nuevo cielo y una nueva tierra.* Dios prometió en el Antiguo Testamento, Isaías 65 que haría un cielo nuevo y una tierra nueva. Al final de la Biblia, en Apocalipsis 21, el Apóstol Juan vio el cumplimiento de esa promesa:

«Vi un cielo nuevo y una tierra nueva; porque el primer cielo y la primera tierra pasaron, y el mar ya no existía más. Y yo Juan vi la santa ciudad, la nueva Jerusalén, descender del cielo, de Dios, dispuesta como una esposa ataviada para su marido. Y oí una gran voz del cielo que decía: He aquí el tabernáculo de Dios con los hombres, y él morará con ellos; y ellos serán su pueblo, y Dios mismo estará con ellos como su Dios. Enjugará Dios toda lágrima de los ojos de ellos; y ya no habrá muerte, ni habrá más llanto, ni clamor, ni dolor; porque las primeras cosas pasaron» (Ap. 21:1-4).

Como personas que vivimos en un mundo dañado por el pecado y el sufrimiento, es difícil imaginarse como sería este lugar. Pero nos ofrece una maravillosa esperanza, que un día no tendremos que sentir más dolor, ni más remordimiento ni más pecado. Un día, todas esas cosas tristes y pecaminosas serán solamente *cosas que pasaron.*

3. *Viviremos con Dios para siempre.* Cuando un creyente muere, su alma va inmediatamente a estar en la presencia de Dios en el cielo (Lc. 23:43; Fil. 1:23). Cuando Jesús regrese, recibiremos cuerpos «glorificados» que no están contaminados por el pecado, la muerte o la enfermedad. Viviremos en cuerpos perfectos y sin pecado con Dios por toda la eternidad, tal y como fuimos creados para serlo. Dios morará entre nosotros y estaremos ante su presencia.

SAMUEL

La vida de Samuel es difícil. Pero cuando piensa en que sus problemas no durarán para siempre, se anima a perseverar. Un día, todos sus problemas y luchas desaparecerán, y estará con Dios para siempre. Hasta ese entonces, Samuel podrá seguir caminando con Jesús y esperar con entusiasmo su regreso.

VERSÍCULO PARA MEMORIZAR

«El que da testimonio de estas cosas dice: Ciertamente vengo en breve. Amén; sí, ven, Señor Jesús» (Ap. 22:20).

RESUMEN

La Biblia comienza con la humanidad en el paraíso en la presencia de Dios. No había pecado ni muerte. Cuando Adán y Eva pecaron, esta perfección se perdió. Pero al final de la Biblia, vemos que Dios tenía un plan desde el principio para restaurar la vida en este mundo. Como si no fuera suficiente, ¡Hay más buenas noticias! No solo pasaremos toda la eternidad con Dios en el paraíso, sino que (no como en el huerto de Edén) nunca perderemos este paraíso, porque no habrá pecado, tentación o lágrimas.